中田雅敏

親と子の人間関係

―幼児より青少年まで―

新典社

目　次

第四章　周囲の働きかけと社会性

第五章　続く「いじめ」はどうすればなくせるのか

第一章　幼児期から感性の育成を

1　子どもの創造力を養うには

親と子の関係性でよく言われていることは「親は子どもにどこまでのことをしてあげれば良いのか」という問題です。この問題は文化の違いこそあれ、いずれの国でも親たちの悩むところであるらしいように思われます。

また現代の子育ては、親が子どもにできるだけのことをしてあげるべきだと思っている方が多く、これを親の子どもに寄せる「愛情の深さ」と捉えているようですが、しかしまた一方では子どもが自分自身で出来ることを奪ってしまう場合もあります。何事も先取りをしてしまうことにもなりかねません。すると子どもはいつも親に監視され、親の目が行き届く安全な場所に置いておかれることになります。親の充分な愛情が注がれることと、子どもが自由に動きまわり、遊びまわることを通して創造力が発達してゆくのです。更に思考力も増し、やがては親から離れて自立してゆくこととの関係性は表裏一体なのです。過度の愛情と子どもの創造力の発達の関係は、リスクを伴っているとも言えるのです。それで多くの親は「いつまで、どれくらいの愛情を注げばよいの」と悩むことになっているのです。

親と子どもとの一体感のある関係が長期間持続すると、親は子どもの心まで奪ってしまうこともあります。また子どもが声を発する前に親が代弁をすることも多くなります。これでは子どもの感情の発達や創造力や言葉まで殺ぐことになりかねません。

現代育児では、親の言葉かけが奨励されています。しかしこれも「言葉かけ」が多すぎる親が、まだ言葉のおぼつかない幼児に向けて、一方的に一人でしゃべりつづけている場面にしばしば出合うことがあります。特に最近では子どもが犯罪に巻き込まれる不安が高まり、親は子どもの行動を常に把握し、見知らぬ人には近づかないように、話しかけられても応じないように、こちらから話しかけないように、と注意をしています。これでは保護というよりも監視されていることになります。

現代の子どもたちは、親の知らない場所で歩きまわったり、親にかくれて遠出をしたり、小川で遊んだり、野原で駆けまわったり、昆虫を捕まえて観察することなどが難しくなっています。「見守り」とは多少のトラブルの可能性を覚悟しながら行動させるという態度です。しかし幼児をねらった犯罪には注意をいたさねばなりません。

近年、脳科学の研究者の研究成果によって、乳児には驚くほどの能力が備わっていることが明らかにされています。ここで重要なことは、乳児が受動的な存在ではなく、能動的に周囲とコミュニケーションを取りながら自らを成長させているということです。つまり子どもは生まれながら発信力や思考力、創造力を備えているということです。

子育ては一方的に親が働きかけるのではなく、する側とされる側の双方が作りあげてゆく行為を言います。この親と子の双方向的な関係性の有り方に「子どもの創造力を養う」重要性がありますね。また子どもは「遊び」と「ことば」によって多くのことを獲得してゆきます。手足を動かすこと、人と関わり合うこと、などによって創造力が育ってゆきます。もっとも良いことは、お父さんやお母さんのお手伝い、家事を手伝わせることです。これが大いに創造力を生み、子どもに社会性を身につけさせることにも繋がります。家事のお手伝いによって五感を万遍なく刺激し、集中力を育て、思考力、創造力を養うことができます。早速毎日そうじ、洗濯、おかたづけ、などを手伝わせてみましょう。

2　世代間の言葉使いの違い

美しい言葉が常に人の心を弾ませるかと言えばそうとも限らないようです。「明日がある」「未来に向かって」なども美しい言葉ですね。未来を志向するという言葉は、先に進む、とか前進するという意識をもって使われています。しかし「また明日」とか「明日になったら判る」などという言葉には、そんなに深い意味や前進する、という強い決意は感じられません。

近年よく言われる言葉に「若者の言葉の乱れ」「ぞんざいな若者言葉」「滅びゆく日本語」などがあります。つまり若い人達は、確固とした意味を持たせることなく、言葉から発せられる形容や、様態からイメージを把握し、受け取る側もイメージを湧かせて会話をしている。

たとえば「へこんでる」「かぶっている」「かんでいる」「よたっている」など。落胆、重なる、閊《つか》える、ふざけている、などを、その時のその人の状態で表現した言葉です。こうした言葉を若者はたくさん作りだしてくれますが、同世代間では理解できても異世代間での理解は難しいこともあります。

少し時代を戻すと、明治の歌人石川啄木は「新しき明日の来るを信ずといふ自分の言葉に嘘はなけれど」とうたって、絶えず新しい、美しい明日が来ることを思い描いていました。「たとえむなしくとも」「たとえ裏切られても」ひたすら美しい未来に期待を寄せていたようです。「何となく明日はよき事あるごとく思ふ心を叱りて眠る」というように幾度となく「明日」という言葉を使っています。そして落胆しては「ふるさとの訛なつかし停車場の人ごみの中にそを聴きにゆく」とうたっています。寺山修司はその中に秘められた悲しさを「煙草くさき国語教師が言うときに明日という語は最もかなし」とうたって我が心の中の悲しみを率直に表しています。

現代の若い世代は直接自分の感情を言葉に表現しようとしないようです。なんとなれば言葉には、その人の意志が込められるからです。それを避けているのだと思われます。つまり自分が何を考え、何をしようとしているのかをあまり他の人に知られたくないのでしょう。文芸用語を使えば「朧化《ろうか》」と言うのでしょうが、その心の内は「自分を明確にしない」「立場を鮮明にしたくない」という思いがあるのでしょう。それ故に突然「きれる」とか「動機不明」とか言われる大事件がおこることにも繋がっているのでしょう。

世代間の言葉の使い方には、敬語の問題があるようです。対人関係上から生まれた言葉でありますが、現在この敬語の使い方は間違いだらけがまことに多くあります。尊敬語、謙譲語、丁寧語三つの使い方がありますが、高齢者の方はいまだに厳格に考えている方もいます。つまり文語文章、或いは戦前の身分や階級がある時代に育った方が多いようです。文語文は古典籍が敬語を使っています。当然この敬語を使うことで作中の人物の位置関係や従属関係があらわになるから、主語を省略した文章でも人間関係が判然と識別できるのです。

戦後の民主主義は「すべてが平等、組織は命令で成り立つ」ここを離れれば対等という社会を作りあげました。それ故に言葉は意味を曖昧にし、自己の立場や意見をはっきりとさせず、社会的にも敬老の心や子どもへのいたわりの心を表現する言葉を抹消しようとしてきました。つまり言葉には霊性があり、言霊《ことだま》があるといわれており、それに自分自身が呪縛されることになるのを恐れているようです。それは結局自分の言葉に責任が伴うことを畏れているのであると言えます。それ故に「言語明瞭、意味不明」という状況にあるのが今の日本語の状況なのでしょう。

それでは「美しい国」とはどういう国を指すのでしょう。「明日や未来」は明るいのでしょうか。日本の超高齢化の中で起きている言葉使いのトラブルや人間関係の複雑な問題を解決するには、身近な世代間の中での「言葉使いの在り方」をきちんとすることが必要であろうと思われます。

3　パソコンの普及などで日本語の存在は揺らいでいるか

五、六歳の幼稚園児に「もり（森）」という言葉から何を思いうかべますか、と聞いたところ、ほとんどの園児が「おそば（蕎麦）」と答えたそうです。小学校入学時の児童に

「森の概念を教えなくて良いのか」「或いは木がたくさん生えている所」と言い換えて教えるべきか。という質問を教員免許更新講習を受講をしてくださった幼稚園の先生からいただきました。

また他の先生に私から質問をしたところ、「もり」という言葉から「狼がいる所」と答えた園児が多くいたということでありました。そこで園児に質問をする際にパソコンの画像を見せてください。とお願いをしたところ「明治神宮の画像」を見せたら「森は木のたくさん生えている所」とわかってくれたということでした。或る保育園では、ショートケーキ、ドーナツ、ビスケット、キャンディー、などを提示したところ、どれを指しても「おやつ」と答えたそうです。保育園で「おやつよ」とおっしゃっていたので、子ども達は、お菓子全部を総称して「おやつ」という言葉概念として捉えていたのでしょう。

現在、子ども達の周辺には言葉が豊かに溢れています。それは日常生活の中で実感を伴って、生きた言葉として家族から伝えられていくことが多く、家庭では「概念と言葉と漢字」との関連性を持たせて、イメージが広がるように、概念が確立できるように、実感を伴って、イメージ化されるように話して欲しいと思います。感情の動きを子どもに向けて言葉で表現してください。

テレビや日常の会話で「かぶる（重なる）」「へこむ（落ち込む）」「かむ（言葉がつかえる）」「きょどる（挙動不審）」などという会話を若者言葉というのだそうですが、なるほどうまく考えましたねとも思います。「ろちゅう」という言葉を耳にしたことがありました。これは車を路上に停めてはいけないのかと思ったら「路上キス」のことだったのですね。少々言葉遊びと思われる点もありますが、幼い子どもに概念として把握してもらうのはむずかしいですね。テレビ、VTR、パソコン、スマホ、DVDなどが家庭に普及していますが、実は幼児のほうがより手軽に操作を覚え使いこなしてしまいます。そこでシンガポールや韓国、中国では、パソコンやスマホを学習の道具として積極的に使っています。興味や関心を持ったことを自ら調べて学ぶ使い方をしています。シンガポールの小学校では四年生以上の全生徒がスマホを使って、授業中に先生に解答を送信し、電子黒板に表示されて意見発表をしています。弊害は何もないそうです。そうした報告を聞いた文部科学省では、全国の小学生にタブレットを持たせることを決めたそうです。

パソコンの普及で「日本語が揺らぐ」ということはありません。むしろ若者言葉や省略言葉から「日本語の乱れ」が発生しています。パソコンやスマホを有意義に使えば、大変役に立つ道具となります。日本社会では「学びに対する積極性が足りない」ということでしょう。メールやゲームだけに使うのではなく、言葉そのもの、言葉の意味、言葉の概念がしっかり結びつくようにパソコンを使いますと言葉をたくさん覚え、正しい日本語を理解し概念と言葉を結びつけるスピードがより速くなり、おのずと学習の効果があがります。文部科学省も学習にパソコンを使い、電子教科書に替える研究をすすめています。アクティヴラーニングなどの学習も始まり、端末タヴレットで学習する姿が間もなく見られることになるでしょう。

家庭でも若い親は「若者言葉」や「ラ抜き省略言葉」「間違った敬語」などで子どもに話しかけ、その上「命令と禁止」の言葉がほとんどであると言われ、その状況は更にひどくなっているといわれています。

家庭科の先生が「家庭科の教科書の言葉遣いをやさしくして欲しい」と要望したそうです。社会科や物理、生物の教科書は難しい単語が随分あるのに、と思い先生に尋ねたら、「生徒たちが、家庭科の教科書に出てくる言葉は塾で教えてくれない、と言うから」という答えが多かったからだそうです。実感を伴ってイメージ化される言葉として本当に理解していないということでしょう。

パソコンの普及で「言葉が揺らぐ」ということはありません。むしろ家庭では、「家庭科の教科書に使われている言葉」と実感、概念を結びつけられるよう、パソコンをうんと使わせるようにいたしましょう。

4　自尊感情と自信との違い

オランダなどの西欧は「子どもの自尊感情が高い国」といわれています。学校での生活についても「最小限のルールだけを担保すれば、あとは何をやっても良い」という雰囲気があるようです。日本の幼稚園や小学校の場合は「ルールを守りなさい」とか「ここから出てはいけません」などルールを最大限につくって、それを守らなければ「そこから外れた人」となってしまいます。幼稚園や小学校などでは、それによって親の監督や教育ができていない、などと親が注意されたりすることがあるそうです。

勿論西洋などでも「他人に迷惑をかけるのはいけない」とか「社会の一員として、ルールはきちんと守らなければいけない」などの社会構成の一員としての規則を守らねばならないのは同じであります。しかしそれ以上に問題になる行為や、良くないことなどがあった場合は、まず子ども達に話し合わせ、解決の方法を探らせ、教師はアドバイスをしながら、約束事を子ども達が決め、みんなで守るようにしてゆきます。

日本の教育が画一的だとか、規則で縛り、みんなが同時に一斉に行動や勉強ができるようにしている、と指摘されてもいます。日本の学校は最初から、ああだこうだ、ときまりで埋め尽くされているようです。「授業が始まったらずっと席に座ってなければいけない」とか「質問は手を挙げて指名されたら発言しなさい」とか「私語はやめて、じっと聞いていなさい」などとすべて規則通りが求められます。しかしこのように規則に囲まれて育つ日常に身を置いていると、周囲と違うことをしてはいけない、失敗してはいけない、怒られたらどうしよう、などと心配ばかりしていなければならなくなります。その上「恥ずかしいから発言しないようにしよう」「みんなから笑われないようにしよう」という思いから、常に緊張状態に置かれ、良い子を装い、周囲を気にしていなければならなくなります。

ごく最近に工藤勇一氏が『学校の「当たり前」をやめた。』という本を出版されました。それを少し紹介しましょう。

東京都千代田区の麹町中で工藤氏が行った、宿題もない、クラス担任もない、中間・期末試験もない、というような「学校の決まり事であった、当たり前、をやめた。それが生徒の活気と意欲を喚起し、やる気を大きく引き出した」という取り組みについての本でした。「あらゆる行事を考え直す」「修学旅行は取材旅行、帰ってからパンフレットを作る」「運動会は責任問題が後を引くため、クラス対抗をやめて一日だけのチームで参加」など、「慣習ときまり」のようになっていた考えをやめ、学校内だけでなく一般社会で適用できる考え方や実践に取り組んだ報告書でした。

今の学校は手段を目的化し、真の目的を見失っています。本来学校は「社会の中でよりよく生きていけるようにするためにある」としています。ひとりひとりが自分を大切にするのは自尊であり、みずからひとりひとりが、上位の目的を設定し、常にその目的に達するようにすれば、自ずと自信が持てるようになり、自尊感情が芽生えるということであるのでしょう。

5　子どもの達成感を育てる

日本の子どもは常に緊張状態に置かれているようです。つまり「子ども達は被虐待体験を持ちやすく、自尊感情が低い」ということです。こうした状況に陥る子どもは達成感を感じる機会も少ない、ということにもなります。自尊感情とは英語で「セルフ・エスティーム（self-esteem）」の訳語と言われています。自己に対する肯定的、または否定的な態度のことになります。自己肯定感や否定感は高すぎず、低すぎず、安定していることが望ましいといわれています。

子どものメンタルヘルスが注目されてきていますが、対象として考えられている子どもは、発達障害や不登校に陥ってしまった子ども達が中心で、子どもが置かれている「抑うつ状態の傾向」については、あまり知られていません。

子ども達が感じている養育環境下のストレスや対人関係のストレスは意外に高いといわれています。どのような抑うつ状態に置かれているかで多く言われているのが「子どもが発達段階では恐怖を持ちやすい」ということです。「視線恐怖」や「対人恐怖」「社交不安恐怖」などが指摘されています。日本の社会では社会生活を行ううえで、対人状況でより強い負担を感じ易いと考えられています。「子どものいる保育園の園児」らの声が騒音問題になったり、「電車や乗り物の中で泣き止まない赤ちゃん」について、大人達が嫌な顔をしたり、クレームが出たりすることがニュースになったりすることがあります。

大人の世界での対人緊張が強い社会で、大人の側がとる周囲への人々の配慮から、そのことが「子ども達にも及んで、幼少時から集団の中で子ども達に我慢を強いることが、子ども達の対人緊張を強めている」のではないかと考えられています。そうした我慢や緊張を強いられるだけでなく、日本の子ども達は達成感を味わう機会が少なくなっているのではないでしょうか。最近「子どもの貧困」が指摘されるようにもなりましたが、全体的には「物に恵まれ」物質面では豊かな中で育っている、と言えるのではないでしょうか。

子ども達に緊張を強いている最大の要素は家庭ではないでしょうか。たとえば親子関係ですが、親が愛情を持っていたとしても、それが子どもに伝わらなければ、良い親子関係とは言えないでしょう。「友達感覚で話したい」「望みどおりに優秀に育ってほしい」「下層といわれる立場にならないで欲しい」などという親の気持ちもわかりますが、過剰とも思える親の期待を、子どもがどう受け止めているかはわかりません。

日本の子ども達は努力や本人の意思に関らず、乳幼児期から沢山の物を与えられていま す。習い事もさせてもらい、物質的には満たされていますが、精神的な報酬を得ることが少なくなっています。「努力が認められる」「褒めてもらえる」「認めてもらえる」という機会が少なく、禁止されることが先立って「思いどおりのこと」は何もさせてもらえない。これが、家庭の中だけでなく、幼稚園や学校など、生活の場のすべてにおいて、子ども達自身が参加してルールづくりをさせてもらえないという状況にあります。

日本の子ども達は「大人に褒められたこと」「認めてもらえたこと」「自分達で決めごとを作って実行できたこと」などの達成感を味わった経験が少ないようです。更には、日本の子どもの自尊感情が低いことと、認めてもらえないこと、自分で何かをさせてもらえないこと、などが要因となって「緊張を強いられる環境」での家庭環境から被虐待的経験を受けやすい状況にあるようです。

本当の意味で家庭でも認めてもらい、本当の意味で達成感を味わって、自分に自信をもつような経験があれば、まちがった親の言い分にも対応できる方法が見つかるはずです。日常的に緊張を強いられ親の命に従っているだけの生活を繰り返していると、親のまちがった命令に従わざるを得ないほどの虐待を受け、死に到ってしまうような悲惨な状況に到ってしまう場合が多いようです。日常の生活だけに限らず、教育においても、親が競争や格差を意識するあまり、子ども自身が努力をし、ある程度の達成をしても、それだけでは認めてやらず、さらに上を目指して頑張らせる、という緊張を強いているようです。家庭の中でも恐怖を強いられているのです。

6　家庭内の教育虐待で子を追い詰めていないか

親であれば子どもの成績や学校生活、将来のこと、などに関心を持つのは当然のことと思われます。しかしあまりに期待が大きすぎて、子どもの成績や受験をめぐって強く叱責したり、人格を否定するような言葉を投げかけたり、暴力をふるったりして子どもを追い詰めたりしていないでしょうか。このことについては、早くから識者や教育関係者から親がこうした行為に陥りがちであることは繰り返し指摘されてきています。普遍的なテーマで、こういう親は教育ママ、教育パパなどとも言われて来ました。

子どもの将来を期待して塾に通わせ、受験や就職競争に追い立て、熱心なあまり、行きすぎた要求や指導、時には体罰や暴力によって、子ども自身が持っている本来の意欲や成長の機会を損なってしまう親は、いつの世にもいたことでしょう。しかし度がすぎれば親権の行使や「しつけ・教育指導・懲戒」などとは言ってはおれず、家庭内虐待行為とみなすこともできます。たとえそれが子どもの将来などを考えた「教育」といっても、成長段階に合わせた適度な教育でなければ、子どもの成長の機会を摘んでしまいます。更には親の都合で子どもを学校に行かせない強権的な親となってしまい、「教育ネグレクト」ともいえる行為になるでしょう。

親が子どもの成功を願う気持ちは当然でしょうが、勉強をしない子ども、良くない遊びなどに夢中になっている子ども、いたずらばかりする子ども、などに対する叱責や励ましを含めた強い言葉などは、ある程度は理解できますが、それが行き過ぎてしまっている場合が多い親の場合、親が自分自身に問題を抱えていることが多いこともあるようです。このような親に対して、近年は「教育ママ・パパ」ではなく「毒親・モラ母」などという言葉も使われるようになっています。

この場合、親自身が子どもの人生に自分自身が満たされないものを投影し、子どもを支配し、束縛するという行為が含まれていることが多いようです。小さな子どもにとって、親は唯一の頼れる存在であり、そうでなくてはならない存在ですから、子どもは小さいうちから親の期待に応えようとし、親の理不尽さや、親のエゴや、条件付きの愛とその要求に応えようとして共存関係に陥ってしまうこともあります。そして気づいた時には、子ども自身が「自分の人生を自分で見つけて生きる」ということができなくなってしまう場合もあります。

子どもへの親の虐待が始まったり、子どもも病的な精神状態となり、自立ができなくなったり、成長してからも抑うつ症状などを抱えることになったりすることも多くあります。近年は、教育をめぐる状況も多様化し、学校教育も目まぐるしく変化し、いろいろな情報が溢れていています。一部の親はそれらの情報を受け取ることに必死になったり、振り回されていることもあります。親の子どもへの教育の思いの根底に不安がある場合には、子どもへの教育虐待が起こりやすいと考えられます。更には暴力や虐待行為にエスカレートし、我が子を死に到らしめてしまうこともあります。これは今の時代に、みなが意識して、共有しておくべき問題ではないかと思います。

7　まさかの虐待死と気づかれにくい虐待

子どもの虐待死が連日報道されています。家庭内虐待を行っている親は、自分自身が満たされていなかったり、注目されなかったり、社会や職場で重視されていないと思っている親が、その要求を子どもを通して満たそうとしていることが少なくないようです。子どもを虐待死させてしまった親は「決して子どもを憎いと思っていたわけではない」「痛めつけたいと思ったわけでない」と述べたりしている例は親が言い訳をしているように聞こえます。そして「言う通りにしなかったから」「しつけのためだった」と述べているが、これらも総じて「子どもが自分の要求を満たしてくれない」という思いから、子どもに辛くあたっていたことがやがて気付かずに虐待に到ってしまうようです。

子ども自身も親からの愛情を得ようと一生懸命に努力するのですが、努力が報われないと親から逃げる、悲嘆にくれる、一気に反抗する、などの行動をとり、それがまた親の怒りを買い、虐待がエスカレートしていって、やがて死亡事件にまで発展していってしまう場合が多いようです。

　親の子どもへの虐待で比較的発見しやすいのは、身体的虐待、性的虐待などであり、こうした虐待行為を繰り返す親の特徴は、一般的に親の倫理観が乏しい、配偶者や親類や、知人と疎遠であったり、経済的に困窮していたり、望まない妊娠をしたり、育児に自信がない、などの様々な問題を抱えている場合が多いということも言われています。

　教育虐待を含む心理的虐待を行う親には、このような傾向が見られないことが指摘されています。周囲から見ると教育熱心な家庭、経済的に余裕のある家庭、家庭内や身内が協力的であるとみられているようです。中には虐待の早期発見に努めるべき職種にある人、子どもに関わる職種にある人の家庭などで虐待死があることも時に報道されたりします。早期教育、英才教育に熱心な親などに教育虐待や心理的虐待が多いようです。

　スポーツや音楽などの芸能関係の練習や活動を、学校や家庭での勉強よりも優先させて一流の者にさせようと努力する家庭もあります。だがそうした子どもの中に、協調性が乏しく、人格的にも、能力のバランスにも偏りのある子どももいます。子どもに才能があるから、子どももやりたいと希望しているから、と言われたりして、親や指導者が熱心になり始めると周りが見えなくなり、本人が本当に希望していることにも気づかなくなります。こうした親や周囲の押し付けの勉強ならば、スポーツや芸術などの活動よりも、教育の虐待による異常さが目立ちやすくなり、本人も反抗などをすることによって、押し付けに気づき易くなります。

野球や音楽、サッカーなどの勉強以外の活動の場合には、本人が希望しているように見えやすいため、虐待というレベルまで行っても気づかれないこともあります。これに親自身が満たされない思いを子どもに投影していたとしたら、「子どもを自分の代理にしている」ということになり、子どもは精神的に追い詰められ、親の期待に応えられないことから精神や神経に異常を来たすか、親が思わず子に暴力を振るい、更にエスカレートするようになり、場合によっては虐待死に結びついてしまうこともあるケースが目立ってきています。親も子どもばかりに過剰に期待を寄せる前に、親も子どもと一緒に何かを始めることが大切なのです。

8　大人数と一斉授業という教育虐待

小学校に入学したばかりの小学校一年生が「集団行動ができない」「授業中座っていられない」「動き回っている」「話を聞かない」などの状態が続いていることを「小一プロブレム」と言うそうです。就学後しばらくたっても学校に慣れることができず、それが継続する児童には、就学前の幼児教育や保護者の養育態度に何か関連があるのではないかと注目され、東京都教育委員会が調査をし「不適応状況児童」としたそうです。

その原因と思われることは「子どもたちに問題がある」というよりは、家庭や地域での遊びや学びの環境が大きく変化しているにもかかわらず、入学すると「一斉授業」と「座学型」学習になる点にあるということです。その原因の多くは「大勢の子どもを一人の教諭が見なくてはならない」という、画一的一斉授業になることにあるようです。公立の学校では様々な家庭背景や、様々な学習の習熟段階の子どもが在籍するようになります。限られた多くの人数のいる今の学級定数では、すべての子どものニーズに応じることはできません。

画一的な一斉授業型態の中では、退屈であっても授業に従う、授業の内容が分からないでも授業中はおとなしくしていてもらう、などと様々に子ども達に我慢してもらうしかありません。家庭の中でのストレスを引きずったまま登校したり、寝不足で登校したりした子どもに、教師が不用意に発言した一言が刺激になったりして、授業を妨害する行動に出たりする子どももおります。また逆に些細なことで本人が強いストレスを感じて席を離れてしまう子どもも出てしまいます。そこで「習熟度別に分ける」などの工夫をしている学校もありますが、習熟度に分けること自体がストレスの原因になったり、不登校になったりする子どもも出て来ることになり、更には子ども達だけではなく、その保護者も巻き込んで、差別や「いじめ」の温床になるケースも耳にします。

今の学習指導要領では、すべての子どもが一定の学力を備えるように指導することが定められています。学校の授業が、個々の子どものニーズに応えきれていないという根本的な問題に手を付けず、学力テストの結果のみを見て、カリキュラム（教育課程）の変更や、学習指導要領の変更を行ったりすることだけでは解決が付けられないようです。

一律の授業や指導で、一方的に行われる授業で、相対評価がなされ、競争が行われることに疑問を感じている人も少なくないでしょう。

個々の教師は真剣に取り組んでいるのですが、学習障害のある子どもには教材開発や教え方の工夫なども必要になることでしょう。他の子どもと同じテキストで、多人数の教室で一律に一斉授業をすることは、そういう障害特性のある子どもに画一的な指導を行うことは、その子にとっては有害なことを強要されることになるかも知れません。これは、初等教育、中等教育、高等教育、という段階的教育についても言えることで、一層の授業開発が望まれることでもあるでしょう。

9　普通科高等学校はどこへゆくのか

『教育再生実行会議』では次々と学校という今までの概念を覆すような政策を発表しています。平成三十一年一月十八日に「教育再生実行会議中間報告（案）」として、高等学校普通科の類型化方針を発表した。その目的とする方針は「新時代に対応した高等学校改革」という大胆な改革内容でありました。

高等学校の普通科については画一的な教育課程がほとんどで、これを見直し、ひとりひとりの生徒の学習目的に応じた細かな類型化を行うという方針のようでした。安倍首相は「多様な人材を育成するためには、高等学校の多様化を図る改革が必要」と述べています。全国の高校生の七割を超す生徒が在籍する普通科の高校では、中間報告で、普通科の一斉的・画一的な学びが問題であると指摘されていました。そのためには、生徒ひとりひとりが目的意識を持って進路選択ができるように、学校の特色に応じた普通科のグループ分けを各学校が検討するようにと指摘しています。

現代の日本は少子化が進み、それに伴い高齢化も早い速度で進んでいます。また地域の過疎化も大きな問題となって、政府は地方創生、地方再生を呼びかけていますが、若年層の都市志向はとどまるところがありません。文部科学省、教育再生実行会議でも普通科高校のグループ分けを検討することで「地域を支える人材」や「海外で通用する人材の育成」

などを目指し、各校が専門性を明確化して欲しいと訴えています。

この中では専門学科や総合学科を含めた学科全体の見直しについても検討を加えてゆくことを明言しています。当然のことながら、現在は高等学校生の七割を超える生徒が普通科に在籍し、類型のない共通の科目と教育課程で学んでいます。これを類型化し、特色ある教育課程を作制することを進めれば、大学進学を含め、高等教育改革、すなわち大学もまた、そうした専門制の中で学んだ高校生を受け入れるためには、大学それ自体も教育課程を組み変える必要性が生じて来ます。学科全体の見直しを図るということは、大学入試の改革に大きな影響を及ぼすことになるとも訴えています。

教育再生実行会議では「高校で文系、理系の両科目をバランスよく学ぶ仕組みづくり」を検討して欲しい、と述べているが、文系、理系のふたつの方向分けは既に多くの普通科高校では実施に移しています。そこで再生会議では、「技術の発展に対応した教育改革という観点からは、インターネットを通じた遠隔教育の全小中学校での活用も必要」と述べています。教室に配備する学習用パソコンや無線ＬＡＮなどのＩＣＴ（情報通信技術）環境の整備を加速化することも要請項目に重要事項として入っています。

高等学校普通科の教育内容の変革にとどまらない、ＩＣＴを活用した高度情報化社会で活躍を期待されている次世代の日本国の将来を担う人材の養成が求められていることが分かって来ています。これら全体を教育改革ということなのです。これは国としての方針の在り方でもあり、人口減少や少子化・高齢化が急速に進んでいる時代に地方創生を進めることを重要課題としていることを意味しています。全国にある普通科高等学校の教育を、地方再生のための学習拠点とし、人生百年時代において、高齢者から若者まで活躍できる社会を築くことにあります。地方に必要な、地方を担う若者が備えて欲しい学習内容を提供できる教育方法と技術を改める大胆な教育改革ということを訴えています。

もうひとつ大事な観点は「新たな時代を見据えた教育再生」「技術の進展に応じた教育の革新」として論議されています。つまり社会の変化に対応できる人材を育成するためには、教育課程や教科書、学習指導の方法などを見直すことが必要であることを求めているわけです。もちろん「特別な配慮が必要な生徒」への支援も重要視されています。通学が困難な児童生徒や帰国子女や外国人生徒のための学習環境の整備という観点からも、すべての小・中・高等学校などに、遠隔から配信送信できる教育機器の活用も推進の対象となっています。

これからの教育は家庭においても「わが子」「自分のための子ども」「将来の老後を保障してくれる子ども」という狭い意識でなく、社会のため、世のため、ひとのため、という観点から家庭での教育についても考えねばならないということを報告しています。

また令和元年から外国人労働者の受け入れ人数について、政府はより広く門戸を開く方針を打ち出しています。それについても今までのように「日本国内だけ」「国益だけ」などとはゆかず、教育・学校の制度、言語や慣習の違いについても、学校教育を通じて、国際感覚を学習し、地球的規模での「ものの見方・考え方」についても新たな学びの必要性に迫られることになるでしょう。

第二章　親子の関係性の大切さ

1　子どもとのコミュニケーションが苦手な親へ

道を歩いていたり、電車に乗っていたりすると、母子の姿をよく目にすることがあります。子どもを連れて道の草々の名や、花の名前を子どもが聞かないうちから教えたり、電車の中で英語を教えたり、算数の九九を暗唱させたりしている姿によく出合います。「あれはね、タンポポと言ってね、葉や根は胃の薬になるのよ。それにこれは西洋タンポポで日本のものでなく外来種というのよ」と話している親子の姿を見かけたことがありました。

このような場合、多くの親は子どもに早くから知識を与え、多くのことを覚えさせるのが教育だ、と思っている節があります。だから花の名にとどまらず、知っていることは何でも教え込もうとしています。こういう会話だけで親子のコミュニケーションが成り立っていると考えている家庭が多くあります。最も近年また早期の英語教育、学力重視の早期教育の方針が打ち出されたことで、親子の間では、コミュニケーションの内容をこうした知識のやり取りと思っている親も多くおられます。それ故に教えたことを子どもが覚えていなかったりすると、カリカリする親が多い。このやりとりをコミュニケーションと思っている親もたくさんおられます。

そしてこれ以外の日常での生活や、友達のことや、人間として生きてゆくための正しい習慣や、身につけた方がよいと思われることについての会話については、何をどのように話したらよいかわからない、という親が多いようです。つまり「子どもとのコミュニケーションが苦手な親」ということになります。それではどうすれば子どもとのコミュニケーションが取れるようになれるのでしょうか。

この例でいうならば、タンポポの花のことをよく知っていても、子どもに聞かれたら知らないと答えます。「お母さんは知らないのだけれど」と言えば「タンポポというのよ」「そうよく知っているわね」「こっちのタンポポとむこうのタンポポは違うでしょう」と子どもが言ったら「あらそうなの、お母さん知らなかったわ」「西洋タンポポというのよ」「そうなのよく知っているわね、お母さんもっとよく勉強しておけばよかった。そうだあの花一本とっていって、家に帰ったら植物図鑑で確かめてみようね」と会話をしてゆくと、どんどん会話がはずんでゆきます。その後「それではタンポポが助かるかどうか分からないけど庭に植えて水をかけてあげようね」と会話を続けてゆくことです。

要するに教育とは「この花なんの花」と聞いてから、庭に植えて木札を掛け、水をかけるまでの過程そのものが家庭での教育であり、親子のコミュニケーションなのです。途中で会話の方向が変わってゆくかも知れません。しかしそれが思いもよらぬ方向であっても、そんなことはどうでもよく、親のありのままの姿で「ことばのやり取り」をすることです。何かを教え込もうとせず、言葉のキャッチボールの中に「心のひびき」を感じとってゆけばよいのです。子どもは親の「ことばのひびきやはずみ」に感動し、それが子どもの心を豊かにするのです。

「知らないわ」と丁寧に応えると、子どもとの距離が縮まります。「よく気がついたわね」と言って褒めてあげると、子どもはこれを機会にもっともっとお母さんに聞いてみようと思い、注意深く自然を観察する気になります。

むきになったり、教え込もうとしたり、叱ったり、命令したりする会話でなく、「お母さんそんなことも知らないの」と子どもは馬鹿にするような口調で言いますが、子どもは本気で言っているわけではなく結構楽しんでいるのです。小さなことで叱らず、腹を立てず、気にせず、堂々と受けて立つことです。親の心が小さいと子どもも小さく育ってしまいます。

「お父さんのように立派に」などと身近な親や祖父母の大成功談を聞かせると、子どもは精神的負担が大きくなり耐えられなくなります。親として子どもを奮起させ、親をのり越えて欲しいと思うのでしょうが、これは親の欲でかえって会話は弾みません。たとえつくり話でも失敗談を上手に使って楽しく会話をする方が、楽しさを教える家庭教育になります。

2　子どもの人間性を豊かにするには

学校に行きたがらない、学校を休んでばかりいる、こうした子どもを「不登校児童」と呼んでいます。年間三十日以上続けて登校をしてない子どもを公的教育機関では「不登校」

と位置づけています。多くの子ども達は、小さいときから保育園、幼稚園、小学校というように段階的に上級学校で学ぶような仕組みになっている学校教育を受けて成長してゆきます。

学校というたくさんの子ども達が集まる場所で、他者と触れることで、嫌なことも、嬉しいことも学んでゆくことになります。近年では「いじめ」などの問題もなくはないですが、むしろそれも学習の一環と捉えることもできるでしょう。子どもは同じ年頃の子供と触れ合うことによってコミュニケーションの手段を身に着けてゆくことにもなります。違う価値観ともまれ合うことによって育っていくことなどもあります。或いは似通った側面や趣味や性格を持った子どもに出合うこともあります。こうした経験を積み重ねておとなになってゆくものなのです。

また家庭によっては学校へ行かないという選択をする家庭もあります。名だたる教育者の家に生まれて家庭内で教育を受けたり、自由を重んじるために家庭教師だけで育てられたり、私塾で学んだりするような家庭もあります。幸田露伴の娘の幸田文さんなども露伴から学んだり、近年では井上ひさしさんという有名な作家がおりましたが、井上ひさしさんは「学校へは行かなくともいいから本を読め。好きなことをしろ」といって子どもさんを学校に通わせなかったようです。学校教育に縛られた大人になるのではなく、自分の才能で生きていって欲しい、という望みからだったそうです。

井上さんの家庭では長女と次女の二人は、学校へ行くよりも、家で本を読んだり、遊んでいるほうが楽しい、と言って井上さんの言いつけを守って小学校高学年から学校へ行かなくなったそうです。しかしその後、父親の井上ひさしさんと、母親の西舘好子さんの考えは異なるようになり、「いかせない」「行かせるべきだ」と反対意見の対立でご夫婦の喧嘩が絶えなかったそうです。

超エリートと呼ばれる方の中には、学校教育を批判し、子どもを自分たちの考え方で育てようとする方もおられます。その結果、個性的な子どもになるかというと、そうとは限らないで、他の子どもや先生との間で悩んだり、けんかをしたりする経験がないせいか、変に大人びた言動をする子どもに育ったり、常識人に育ってしまう例も多いようです。教育は親が与えるものではなく、子どもが自分の世界で切磋琢磨してつかみとってゆくもののようです。

憲法や教育基本法では「親は子どもを教育させる義務を有する」とか「だれでも教育を受ける権利を有している」と定められていますが、自分という人間を作りあげてゆくのは、学校教育機関だけではないでしょうが、責任を持てる大人になってゆくためには、自分自身が「どう生きるか」を決定してゆくことでしょう。たとえ不登校に陥ってしまったとしても、近年では通信制の学校も充実していますし、文部科学省でも「むりに登校させることもない」という見解を示し、支援学校などを設け、学習の機会を充実させる教育施策を講じています。

成長するということは、大人にとっての「いい子」になるということではありません。反抗期のない子どもが増えているといわれますが、親の権威や大人の価値観に支配されたまま、言いなりになって生きることは人として望ましいことと絶賛できることでもありません。仲の良い家庭よりも、仲の悪い家庭の方が偽りがないということもあります。正直に向き合えばいやでも親と対立せざるを得なくなるという場合もあります。井上ひさしさんは後に「学校に行かせなかったのは自分の過ちだった」と後悔していたそうです。

3　いのちの根を育てる親心

母親が子どもに与える力と影響は計り知れない、といわれています。海より深い愛情、山より高い思いやり、と昔からいわれています。教育評論家の尾木直樹さんも極く最近の著書の中で「コンプレックスを抱かずにここまでこられたのでしょう。それはたぶん、母が一貫して、全面的にありのままの私を認め、受け止め続けてくれたからだと思っています。それも後々まで心に残る印象的な言葉によって何度も、具体的に発信してくれたのです」と述べ、おかあさんから心に残る言葉をかけてもらった例をいくつかあげて「大器に変身できた魔法の言葉」と言っています。

母親の子どもへの無償の愛は言葉では表現できないほどに強く逞しい。それは母親から子ども達に与えられる「いのちの根っこ」であるからでしょう。

ある少年院で永年に渡って問題をおこした少年の指導にあたってこられた先生がおっしゃられた言葉が今でも私の心に残っています。

「こういう所に送られてくる問題少年でも、お母さんのあたたかい胸に抱かれてお乳をもらって育った子供なら、元へ戻すことができます。お母さんの子守唄を聞かせてもらって育った子どもなら、元へ戻すことができる。お母さんに、お話を聞かせてもらって育った子なら戻ることができる」という言葉でした。

船や飛行機でさえ転覆しそうになったときや、墜落しそうになった時、元へ戻る力（復元力）が働くように、問題を起こしてしまった子どもも復元力を持っているといいます。

問題を起こしてしまった時、死にたくなった時、はっと気づいて本来の自分の位置に立ち返ることのできる復元力を発揮させることができるということでした。少年院の少年が「ふるさとの夢見んとして枕べに母よりの文積みあげて寝る」という歌を詠んだそうである。すべての人から見放された少年が、最後の心の拠り所としたのが、見捨てることのない母の愛情が身にしみたのでしょう。そのお母さんの手紙が積みあげる程の高さになった、と歌っているのです。

　そういえば石川啄木も「たはむれに母を背負いてそのあまり軽ろきに泣きて三歩あゆまず」と歌っています。下手な字で、だれも読めないような字であっても、そこにあふれているお母さんの心に、誰にも邪魔されることもなく、しみじみと対面したかったのでしょう。尾木直樹さんのお母さんは、尾木さんが子どもの頃、とても理解できなかった歌を教えてくれたそうです。「明日ありと想う心の仇桜夜半に嵐の吹かぬものかは」という親鸞聖人が詠んだ歌を宿題を後回しにする怠け心が湧いた時に教えてくれたそうです。

　多くの親は「勉強しなさい」「それじゃよい学校に受からないよ」とは常々いっておられるようですが「われのみにわかるつたなき母の文字友寝ねたればしみじみと読む」と少年院の少年が読んだお母さんの顔が目に浮かんで来るようです。これが「いのちの根」ということなのでしょう。

4　子どもへの親の責任

人は今まで生きて来た中から自信をもって事を為し終えたことは、何度でも思い出しては嬉しさがこみあげて来ます。そうした経験をいくつも積みあげさせてあげると子ども達は自分のバランス感覚に自信を持てるようになり、責任をもって事がなせるようになります。それには周囲の大人達や親がうまく工夫を重ねてやることが大事です。

子どもの得意な分野や興味関心が高い分野だけでなく、何事についても愉しさを見出せる子どもに育てることが大事です。それには親が子どもの前に立って方向づけてやろうとするのではなく、子どもの一歩後に下がって控え、子どもが確認したくなる時に聞き手になってやることです。

子どもが知りたそうに思っている時に、しっかり自分の体験上の思いを話してやり、子どもが成功した時の嬉しさ、発見の喜び、失敗した時の残念さ、努力することの辛さ、などの感情を親はしっかり分かってくれているな、と安心させてやることです。それが親の役目であり、良いも悪いも既にやってきたことの確認を現在完了として深めてやることが親の責任なのです。

良い悪い、失敗成功をあげつらい、だから失敗するのだとか、どうしてそんなことができないいんだとか、挙句の果てには「お父さんもお母さんもそんなことは簡単にやって来た」と責めるのではなく、「だからこうしよう」とか「なるほどここをこうしたんだね、するとうまくいかなかったんだね、残念だったね」と子ども自身の発見や意欲を湧き立たせる、親が失敗も成功も含めて自分が展いてゆく未来を確認し、未来には喜びがあると感じさせることが親の責任です。つまり子どもが慎重に全体を見て自分を位置づける喜びを見つける事ができれば、バランスを取れる、限度をわきまえる愉しさがわかる子どもに育ちます。

責任感の強い子に育てたい、と親はみな考えます。無責任な子どもで良いとはどの親も思いはしないでしょう。学校でも家庭でも自分の分担の部分を決められた通りに果たせない子は責任感のない子どもとされてしまいます。そういう子どもは、自分なりに責任を果たした後の安らぎをしっかり胸に抱けていません。

責任を果たさなかった事を、なじられたり、批難されたりしても、自分は信頼されていないんだ、自分はそういう子なんだ、という思いだけが深く心に残り、無力感ばかりが根付いてしまいます。しかし完全にできなくとも少しばかりでも何かができたら、それが現実であって、またその現実がだめであっても親は肯定することです。それがひとつの安心感を持たせ、自分はそういう子なのだと思う「ダメ意識」から子どもを脱出させることができます。

こうした自分の現実を肯定する安心、実際にできた事でも、ほんの僅かな事でも、心が動いた時に親はちゃんと確認してあげることが大事です。今までずっと無責任にすっぽかしてきたようなことを、たまにでもしっかりやり通したら、その時こそ親はより強く肯定し、より深く確認させてやり、心のほどける向きに向けてやることこそ親ができることです。こだわりなく、他人にも自分にも支障のない自分が発揮できるときの気持ちの安らぎを確認させてあげる事です。

親が下手な物言いを重ねつづけたり、子どもの自尊心を傷つけるようなことを重ねていると、いくら改心を約束させても、その約束は言葉だけになってしまい、無責任な態度が身についた子どもはその繰り返しで益々無責任になってしまうだけです。子どもの心をくつろがせ温もりを生じさせてあげることです。子どもに責任を果たさせようと親があせっている限り、子どもはいよいよ無責任にふるまいます。親や周囲は子どもを効果的な方向に向かせ、大切なことをし続ける親としての責任を果たさなければなりません。

子どもを責めるだけで、一方的に追い詰めないように、心をほぐし温め、自信と自尊心を確認した上にも確認する親の態度が親の責任を果たすことになるのです。

5　子どもが夢を描くために大人たちができること

ある雑誌に『テーマ投稿募集』というページがあり、ふと目がとまりました。なんと募集をしていたテーマは「子どもの夢の育み方」という題でした。

「皆さんは、子どもの頃に抱いていた夢を覚えていますか。多くの人が、お医者さんになりたい、サッカー選手になりたい、パイロットになりたいなど、期待に胸を膨らませていたと思います。夢を持つことは、人が生きるための原動力にもなります。未来を担う子どもたちにはぜひ大きな夢を抱いてほしいですね。皆さんが考える〈子どもの夢の育み方〉をテーマに投稿を寄せてください」とありました。おそらく大人はつぎのように呼びかけるでしょう。「でっかいことは良いことだ」「偉くなるのは良いことだ」「人を喜ばすことは良いことだ」「サッカー選手や大リーグの野球選手になれ」などと励ますことでしょう。おそらく現在の大人たちが子どもの頃にもそのように親に励まされ、学校の先生にも「ボーイズビーアンビシャス」と教わったことでしょう。みんなその励ましに応えようとしたことでしょう。しかし、一体何人の人がこの夢を叶えられたでしょう。

これは大人のエゴであり、無責任な発言です。「大きな夢」「期待に胸を膨らます」と言っても、夢は萎むものです。膨らみすぎると弾けるものです。喪失感にさいなまれ、挫折感にうちひしがれるものです。この喪失感と挫折感とに突き当った時に真に助言し、立ち直らせる勇気と智恵を授けておくことが大人の役目でしょう。

あるテレビ番組で「あなたが三十歳になった時、どんな職業についているだろうか」と日米の高校生に尋ねた番組がありました。さて結果はどうなったでしょう。
　日本の高校生の半数が「中小企業の従業員」と答えました。アメリカの高校生の半数が「医者、弁護士、学者、専門職」という答えでした。日米の子どもも小学六年生から「大志を抱き、大きく夢を膨らませ、胸を高鳴らせて」中学校の門をくぐったことでしょう。ここまでは日米に大差はありません。しかし、中学一年生の最後の期末試験で決定的な時が訪れます。自分の立ち位置を偏差値という数値で序列を教えられたのです。自分の進路も将来の仕事もその時おおよそ透けて見えるようになりました。三十歳になった時何をしているか大方見当がつくようになったのでした。

　不来方のお城の草に寝ころびて空に吸はれし十五の心　石川啄木

　この悩みは辛い部活でもない、人間関係の悩みでもない、お金でもない、進路でもない。子どもたちに挫折を味わわせて大方はそれっきりで終ってしまうことにもなってしまうのです。その時大人に何ができるのでしょう。せめて喪失感と挫折感を共有してあげるべきでしょう。「大きな夢」を持たせるように急き立たせておいて「夢が弾けた」ら激怒して叱咤罵声を浴びせる。それは大人のエゴというものにほかならないでしょう。

近くに「原っぱ」がいくつもあります。原っぱは広大です。耕作放棄地を自治体が集積して芝生を貼った場所だから、学校の校庭の三倍も四倍もあります。少年野球も壮年野球も、ゲートボールも、ランニングも、ドッグランも、子どもの砂遊び場もみんな揃っています。日本中いたる所で見かけるようになりました。昭和四十年代までに生まれた大人は、人の手こそ入ってはおりませんでしたが、毎日こんなところで日暮れまで遊び呆けていたものでした。

そんな遊びの中から①自己肯定感も、②他者信頼感も、③自己実現力も、みんなが身につけたから、今日の日本があるのではないでしょうか。あの頃日暮れまで遊び呆けた自分がやったようなことを、子どもたちに大人がやってみせてあげたらどうでしょう。きっと「生きる力」が子ども達に備わるに違いないと確信いたします。

豆腐屋さんになる、お嫁さんになる、魚屋さんになる、玩具屋さん、運転手さん、大工さんになる。そういう「身近な夢」を実現させて、今の日本を創って来たのが「おとうさん世代」ではないでしょうか。どうして「大きな夢」を持たせねばならないのでしょう。今までの日本をおとうさん世代は満足して生きて来たのだから。そうして幸福感に浸ってきたのですから。今の子供たちにそんなに叱咤せず、あの時のように子どもたちにも「ささやかな夢」を実現させてあげましょう。

6　現代の父親はどうあるべきか

経済の発展は、いつも右肩上がりとは限りません。バブル期のように毎日株価や土地や建築物が、うなぎ昇りに上昇したかと思うと、バブル経済が破綻したり、リーマンショックとやらで長い期間不況が続いたりしました。また戦後社会は思わぬ急成長を遂げて来ました。しかし必ず低成長の時期もあります。また雇傭形態も終身雇傭から、期限付雇傭、派遣型雇傭、短期限定雇傭と様々な就労形態になっています。

これまで、現代の父親は会社人間と言われるように、ひたすら会社の拡大のために、或いは自分の業務成績向上のために、或いは家族を養うために、働き続けてきました。土曜や日曜も返上して出勤し、或いは営業を円滑にするために、土日曜を下請け企業や取り引き企業の気分を害さないために挨拶廻りをし、家庭内に父親がいる時間はほとんどありませんでした。父親は会社、母親は家庭という概念で生活をしてきました。母子家庭のような生活が長いこと続いて来たために、家族で触れ合う時間もありませんでした。

ところが急に週休二日制が実施されると、土日の休日をどう使ってよいかわからず、毎日ゴロゴロ寝ているしかしようのない父親が出て粗大ごみ扱いをされる始末でした。ですから突然「家族団欒を」「家族の時間を」と言われても戸惑う他はありませんでした。「家族の日」が定められ、「家庭の日と家族の週間」と言われても何をして良いかわからないのが正直なところでした。

そのようなことから「現代の父親の在り方」についての講座が設けられたり、「親父のための料理講座」や「日曜大工講座」「趣味の教室」などが流行しました。しかしだれもが主体性を持って取り組んだわけではありませんでした。どんなことをして時間を潰すかに苦慮してのことでした。しかしこうしたことを積み重ねてゆくことで「生き甲斐」を見出すことができた父親も増えています。続けることが大事なのです。継続は力なのですね。

しかし、男は悲しい生き物なのです。習慣という事象は良いことなのですが、仕事に熱中していると生き生きとして来る生き物なのです。定年退職をしてもスーツを着て鞄を持って家を出て、公園やパチンコ店で時間を過ごし、定時に帰宅する、という方も多くいました。中には「給与」がいただけないことを寂しく思い、マージャンやスロットで時間を潰したり、稼ぎ出そうとしてかえって損を重ねる人もいました。その上に喪失感にさいなまれ家にも戻らずホームレスになってしまう人もおりました。更に葬儀に紛れこんでお香典を無断拝借したせいで警察沙汰になってしまう人も出てしまう始末も報じられました。役職に就いていた方は、退職してもその意識が捨てられず、退職仲間と旅行をしても威厳を損なわないので嫌がられたりしてしまっています。誰かと呑んでも仕事の話の懐古談ばかりでは落語の熊さん、八つあんのような人間付き合いはできません。執心と放下、熱中と放念、こうした気持ちの持ち方の訓練を日頃からしておかないといけませんね。

上手に切り換えができることが大事です。家族の団欒も、子どもとの関わりも、そうした上手な切り換えができる人はうまくゆきます。
現代の父親は「存在の切り換え」が上手にできる人間にならなくてはいけないのでしょう。

7　子どもの態度に思い当たることがあったら

子どもが学校に行くことを嫌がるようになったり、自殺をほのめかす言葉をいったりすると、親は「いじめ」にあっているのでは、と思ったり心配したりします。するとば親はそればかりを考えるようになってしまいます。つまり「いじめ被害妄想」にとらわれたりします。そこですぐに担任の先生に話したり、教育委員会に相談に行ったりという直接行動を取ったりすることにもなります。

しかし、それは少々軽率であり、良い結果とならない場合が多いようです。わが子の様子に何か変な予感がしたり、そんな素振りを見たら、親は「まさか…」と思うのは当然でしょうが、そう思う気持ちをもう一度立ち止まってふり返ってみましょう。そして「もしや、うちの子が…られているのでは」という思いを冷静に思い直してみることが大切です。結果として子どもとよく話し合ったらそうではなかった、と安堵する場合も少なくありません。

そうした親の愛の気配りがよい結果をうむことにもなり、必要以上の心配はかえって事態を悪化させてしまうことにもつながることもあるようです。また「いじめ」問題の深刻化を防ぐことにもなり、最悪の事態を未然に防ぐことも可能になります。その時に親がうろたえたり、子どもにしつこく問い詰めると事態をさらに悪化させることもあります。

子どもが学校に行くことを嫌がっている態度を見て「いじめられている場合のサイン」と決めつけたことが、直接いじめられていることにつながっていることとは言えないこともあります。そうした可能性が十分にあり得るということなのです。ただ親がそうした子どもの変化やサインに注意を向けることで、子どもは自分で強くなろうと考えたり、親もそうした誤まりを何度かくり返すうちに、子どもの本当の姿を見抜く目が養われていくことにもなります。

実際に子どもの変化や兆候が認められたら次のように対応してみましょう。

① 新聞やテレビで報道された「いじめ」事件などを話題にしてみる。

② 子どもが強い関心を示したり、黙り込んだりしたら、親の体験や具体例を話してやる。

③ 子どもの反応があったら、新聞やテレビで報道された事件に対しての感想や意見を聞き出してみる。この時の子どもの語り口調や顔色の変化や、本人の感情の表出を見て、クラスや友達のことに話を向ける。

④ 本人が現にいじめられていれば、そのことが感じとれる態度や様子になって来る。

そこで「ところであなたは大丈夫、いじめられたりしてない、心配しないでお母さんに話してごらん。あなたが寂しそうにしているからお母さん、じつは心配していたんだよ」などと話しかけ、自分の気持ちを伝えるようにしましょう。このように話をすすめると、子どもも親は日頃から見守り、心配している気持ちや、真心も伝わり、本心をうちあけてくれるようになるでしょう。また思わぬクラスの状況を知ることにもなります。親は子どもを監視するのではなく、愛情と心の眼で子どもを観るよう日頃から心がけましょう。いつも成績を気にしたり、生活を注意したり、ガミガミいっている親でいると子どもは多くを語りたがらなくなります。普段から人間味のある態度、愛情、安心感をもって子どもに接するように努めましょう。

8　子どもにおよぼす親の悪影響とは①

現在の日本（いや世界も含め）で憂慮されていることは、少子化と高齢化の問題でしょう。日本国内で少子化対策が検討されているが、有効な対策はなかなか見出せていないようです。

仮に一世帯に二人ないし、それ以上の子どもがいる家庭について「親の悪影響」を考えてみましょう。当然一子だけならば「甘やかし」「期待過剰」「親の度の過ぎた指示」「子どもを親の思い通りにさせたい」など、毎日の子育てや、家庭での過ごし方、などにおいても過剰愛や過期待による影響も悪い習慣と考えられることになるでしょう。

それでは、子どもが二人ないし、それ以上の家庭の場合はどうでしょうか。そこで歴史的な例を二、三紹介いたしましょう。中国三国志で有名な「兄弟の争い」の原因です。まず魏の曹操の三男曹植（そうち、そうしょく）の作と言われる「七歩の詩」があります。曹植は兄の魏の文帝曹丕から憎まれ、七歩歩く間に詩を一編作れ、さもないと死刑にすると言われ詩をつくりました。兄弟で憎み合う、骨肉相争うことの愚かさを詠みました。

豆を煮るに豆萁《とうき》（まめがら）を燃やす。
豆は釜中に在って泣く。本《もと》是れ同根より生ず。相《あい》煎《に》る何ぞ太《はなは》だ急なる。

同じ両親から生まれた者なのになぜ兄は弟にそんなに辛く当たるのか、という意味です。今日では故事として「豆を煮るに豆殻を以てす」として使われています。その原因は両親が兄弟を比較して育て、弟をかわいがりました。その結果、曹植は兄の曹丕から憎まれたのです。

兄弟姉妹の精神的葛藤は乳児期からみられ、歴史的な遺伝子の中にその原因が組み込まれているかのような振る舞いとなって表れます。それ故に「第二子以降の出産を控える家族の問題」として考えられます。

第二子の妊娠中期から後期にかけて第一子の「聞き分けのない振る舞い」、「精神的に不安定となる」などの行動が増えると、親は「叱る」関わり方が増えたり、第一子の関係の中で苛立ちをもったり、ジレンマに陥ったりします。第二子以降の出産を迎える家族における母性看護領域の中で年長子の対応に戸惑う親が多くなり、第二子をかわいがります。

子どもたちは自分に注がれている愛を他の兄弟姉妹よりも小さいと感じるとき葛藤が起き、その寂しさや嫉妬などから悪意に満ちた行動をとってしまいます。第一子には期待をかけて厳しくしたり、叱ったりして育て、第二子以降はやたらにかわいがる、という態度で接すると、兄弟姉妹の関係の中に「疎まれている」「遠ざけられている」などの感情が育ってしまい、大人になって犯罪を起こしてしまう例がたくさんあります。

自分をもっとかまって欲しいと思うのは自然のことです。親は量ではなく質的に平等と感じることのできる「子どもたち一人ひとりにふさわしい愛情」を注ぐ配慮が必要なことは言うまでもありませんが、悪影響を招くような子育ての習慣は避けるべきでしょう。

9　子どもにおよぼす親の悪影響とは②

戦後七十五年を過ぎて、いろいろな社会的なひずみや問題点が浮き彫りになってきています。その中に子どもたちを取り巻く状況の変化があります。

まず核家族化が進み、子育てについて受け継がれるべきものが失われ、子育てに自信を持てず、不安を抱える親が多くみられるということです。また兄弟の数が少なくなり、ひとりっ子が増えています。そのため、兄弟喧嘩の中で育つ自制力や相手の立場を思いやる心を学ぶ機会が少なくなっています。

こうした環境の中では、自分を主張したり、自制したり、相手を思いやったり、理解したりしようとする心が育ちにくくなっています。また親となる世代にもそのような心が育っていなかったりする場合があります。そうした家庭では親子の対立などが生じたり、親子の心の通い合う場面が少なくなり、その上に第三世代にまで悪影響が重なってゆくことになってしまいます。

また、ひとりっ子のために過剰な親の期待がかけられたり、甘やかされたり、わがままになってしまう傾向が強くなってきています。これは親自身が気づかずにそう育てられたままに子どもに向き合った結果、子どもの心身症、不登校、家庭内暴力、キレる子どもを生み出してしまう悪影響と言えるでしょう。虐待の増加もそのひとつです。

そうしたことから、子どもの出生後なるべく早期からの母子接触の重要性が説かれています。新生児期から子どもと一人の人間として接することの重要性が説かれています。

新生児は泣いたり、見詰めたり、ほほ笑んだりして、周囲の人にいろいろな働きかけをしています。新生児にそうした行動がみられたら、親はしっかりそれを受けとめ、声をかけたり、あやしたり、笑いかけたりして応えている場合は、子どもの親への働きかけが活発になり、情動が豊かになってゆきます。

しかし親がそれを無視したり、タイミングをはずしたり、親が自分のことだけに夢中になったりしていると、そうした新生児からの働きかけが少なくなり、情操面での育ちが遅れることになってしまいます。乳幼児からの働きかけを相手とする親が、人として温かく受けとめることが、子どもの行動を積極的にさせ、情緒や社会性の発達を促すことになります。

親の思い通りの子どもを育てるのではなく、子どもが本来持っている成長を促し、発達の軌道から外れないように、子どもに寄り添うことが大切です。思いやりの心や自制心などという共感能力や感情をコントロールする能力は相手があって育つものです。放っておいても自然に備わるというものでもありません。子どもが笑う時に一緒に笑い、子どもが泣いている時は辛いんだとわかってあげることで共感能力は育ってゆきます。また、他人に認められたいという気持ちも持っています。努力することも励ますことも同様に大事なことです。ひとりっ子には、特に親が一緒になって喜んであげることが何よりも大切なことです。

10　子どもにおよぼす親の悪影響とは③

人間が感情を表すことを情動と言っています。心で感じてそれを表情や態度で表す働きかけのことです。

一般的にそれらは三つの側面に分けて考えられています。私たちが日頃から何気なく使っている喜怒哀楽の感情とも言います。

その一つは「心で感じる部分」です。つまり、うれしい気持ちとか、悲しい気持ちといった感情です。これを主観的感情とも言っています。

二つめは、カッとなったり、熱中したり、怒ったり、熱くなったりするとよく「鳥肌が立つ」などという状態になります。つまり「生理的変化」などとも言いますね。これを身体生理現象と言っています。

三つめは、口元が緩むとか、眉間にしわが寄るという表情を示します。これを表情表現、あるいは行動上の変化とも言っています。「表出的側面」などとも言っています。

大人の場合は、通常「怒り」とか「恐れ」とか「喜び」と言う各種情動の種類に応じてこれらの三つの側面が特定の結びつきを持って関連づけて表出されます。

だから私達は、日常の生活の中で、表情の変化や行動などから、それに対応した人間の内面、主観的情感などを読み取って対応しています。

子どもはこの三つの情動を成長するに従って身につけてゆきます。また身につけた上で他者との関係性を築いてゆきます。この発達は家族、家庭の中で育ち、身につきます。つまり、兄弟姉妹が多いほどこれら三つの情動感情への働きかけが多くなり、豊かに発達するということです。

ひとりっ子の場合は、親と子のかかわりが主ですから、人間と人間の関わりよりも、親からの一方的な働きかけが多くなります。これが過保護、過期待、過剰指示、などになってゆきます。一方生後間もない子どもの情動作用は、子どもからの親への働きかけとして、生後一年目の後半から二年目の前半にかけて活発になるようです。

この時期に第二子の妊娠や出産があると、子どもは嫉妬や甘えの行動が表れるようです。たとえば、誰か見知らぬ人が自分に近づいてきたときに、母親の顔を見て、母親がその人に対する反応が微笑のような肯定的な情動反応であれば子どもも温かく迎え入れることができます。

また、母親の反応が恐れや嫌悪のようであれば、その人から逃れようとします。こうして考えると、ひとりっ子の場合は親が肯定的に人に対しているか、他者の苦痛や悲しみに対して共感したり、思いやりの心をもって対しているか、という親の態度や心のあり方によって、子どもの三つの情動側面がより豊かになるということです。「親の悪影響」とは親自身の「思いやり」「共感」や他者の立場に立った対人関係によって、子どもも飛躍的な情動感情の広がりと深まりが持てるようになるということです。そういう他者に対する否定的な心や気持ちを親が持っている場合は、子どもに悪影響を及ぼすもとになってしまうということです。

それ故にひとりっ子の場合は親の豊かな働きかけがより必要であると同時に、子どもはやはり多いのが望ましくもありますね。

虐待されて育った子どもの中には、情動の表出や理解の両側面に難を示す子も少なくないと言われています。

ボウルビィという精神科医は「乳幼児と母親との人間関係が親密で、かつ持続的で、しかも両者が満足と幸福感に満たされたような状態が精神保健の根本」と考えていました。

そうした関係性が築かれなかった乳幼児を「愛情剥奪」を受けた乳幼児といっています。

母親から充分な愛情を受けない、いわゆる「愛情剥奪」を受けた乳幼児の発達においては、身体的、知能的、情緒的、社会的に悪影響を受けながら生長し、やがて将来的に反社会的行動や性格障害を生じる危険があるといっています。そうならないように養育するためには母親からの乳幼児への愛着がとても大事なことです。

第三章　責任感と自分で考える力

1　相手の気持ちを理解することの大切さ ——思いを伝えること——

乳児期、幼児期、学童期、青年期の経過をたどって人は大人になってゆきます。出産から成人として自立するまでの期間を親の側から見れば「子育て期」ということになるのでしょう。この期間は途方もなく長い期間ということが言えます。つまり子育ては二十年に及ぶ長期戦ともいえますので、親は時として疲れ果ててしまったり、心身のバランスを崩してしまうこともあります。これは日本の子育ては、どこまでも子どもが中心で、子どもにたっぷり愛情を注ぐ、という方法と考えている人が多いからです。

そこで問題になるのが、子どもが何かを欲求した時、どこで「ノー」と言えばよいか、ということです。『「NO」と言える日本』という本がありましたが、これは政治家の経済に対する考えを著わした本です。ここでは「相手の気持ちを理解できる子ども」「思いやりの心をもって、それを伝えることのできる子どもに育てるには」ということについて考えてみます。

つまり、子どもの欲求に対して親が「だめ」と言えないと、子どもはどんな欲求でも満たされると信じてしまいます。更に親が成人に達するまで、いや達しても、かたわらでその欲求に応えていると、自分の力で欲求が満たされたように錯覚し、わがままな子ども、自己中心的な子ども、他者のことを考えない大人に育ってしまいます。

大人になっても相手の気持ちを理解できない、何でも思い通りになると考える幼児的な思い込みの感覚を持っている大人や子どもたちを全能感、万能感と呼んでいます。相手の立場になってものを考えられない人は共感する力の備わっていない人のことです。人間らしい人に育てるということは、何を置いても自己欲求感を抑制して、人の話を注意深く聴く習慣をつけ、その上で、人の心が理解できるように育てなければなりません。他人の話を素直に聴くことのできる耳を持たせるには、親はどこかで、子どもの欲求に対して「ノー」と言わなければなりません。

ではなぜそれができない親が多いのでしょう。日本には「目の中にいれても痛くないほどかわいい」という言葉があります。これは溺愛と言います。溺愛している人にとって子どもは自分の身体の一部ですから、子どもの痛みは自分の痛みとなります。溺愛の親子関係には、感情の共有はあっても「共感」はありません。親子間の共感は、親が他者として我が子に向き合う中から生まれます。

具体的には、子どもと親で何事かをなす場合、小さな虫を見つけて遊ぶときにも、同じ年齢の子どもと遊ぶときにも、遊び道具の貸し借り、などを通して「約束」を決めてから取り組ませることです。それができなかったら親は子どもに「だめ」と言わなければなりません。「おもいやり」とは身をもって学ばすことが大事なことです。家の中でも母親は「おとうさんに聞いてみて」というように話し、自分で考えさせ実行させます。反対に父親もまた「おかあさんに聞いてみて」というように、必ず他者を存在介入し、第三者の意見も考慮しながら実行させることです。学校でも、社会でも、家庭でも、このように子どもが客観的に判断できるように、三つの考えを統合して思考訓練をすることによって「共感」の心が育ちます。このことを教え、その上で他人はどう思うかを考えて話すことが「思いを上手に伝える」ことになります。

2　責任を子どもに教えること

小学生の頃に親が箪笥《たんす》の上に置いてあった財布からお金を取ったことはなかったでしょうか。或いは中学生の頃に万引きをしたことはなかったでしょうか。或いは高校生の頃に電車に乗って、いわゆるキセル乗車などをしたことはなかったでしょうか。

ここに掲げた行為はもちろん社会的にも、人倫的にも許されることではないでしょう。しかしこれに似たような行為を「ついしてしまったり」「ほんの出来心でしてしまったり」した覚えはないでしょうか。思い当たることがないでもないでしょう。これは私の過去の思い出であり、今でも内心忸怩《じくじ》たる思いが残っているので例に出してみました。

警察や駅長室に呼ばれた親が平身低頭している姿を今でも思い出すからです。家に帰っても両親は畑仕事が忙しかったためか何も言いませんでした。それがとても気になり、何日かが過ぎるうちに、「とんでもないことをしてしまった」と良心に苛《さいな》まれ、万引きをした店のおばさんに直接謝罪に行ったことを今でも覚えています。

母親が警察に引き取りに来て「あんたって子は、なんて悪い子なの。お母さんはそんな子に生んだ覚えはないわ」と言って叱られ、家に帰ると父親まで加わって「お前はなんて悪い奴なんだ。泥棒みたいに。わしの立場も考えてみろ」と怒鳴られます。子どもの頃は怖くて頑なに口を鉗《つぐ》んでしまいますが、中高生になるとかえって親に反抗心を持ってしまうものです。

しかし子どもはほんの出来心でやったことで、親が言うほど大げさなものだと思っていないし、好奇心の塊のようなものであるが、中高生になれば犯罪としての認識と責任の重さを感じなければならないでしょう。幼児がママゴトの材料に隣家のおばさんの大事にしていた花を取って切り刻んでしまっても平気な顔をしていられるのは、そこに善悪の判断が伴わないからなのです。

万引きもこれと大同小異で、悪いことだとは感じても大人が考えるほど重大には思っていないようです。しかし高校生の場合はそういう意識では済まされません。犯罪行為と認識できなければならないでしょう。

子どもが万引きをしたら、警察に行った母は「お父さんにはいろいろ言わないのよ。ただごめんなさい、と謝るのよ。そうすれば叱られないから」と子どもに言い含めるのです。帰宅して母親に言われたように素直に謝ったら父親は「若いころは大した考えもなくつい出来心で手を出してしまうこともある。済んだことだから、お前が大人になって、同じような子どもを見たら自分の経験を生かして、その子をよく理解してあげることだ。その上で諭す。そういうことができるようになれれば今度の失敗も役に立ち無駄にはならない。二度、三度としてはならない。実は重大なことなのだ」と話すことです。

子どもには親の心の温かさ温もりが伝わり、善悪の判断もつき、責任感も芽生えるものです。頭ごなしに「お前は泥棒か、よくも親に恥をかかせてくれたな」などと言ってしまいますと、親の心の冷たさが子どもに伝わり、子どもは素直になれず、そのために再び繰り返してしまうのです。また親が心の中で「大したことではない」と思って曖昧にしてしまったりすると、子どもは親は怒れないんだ、とたかをくくって再び繰り返すようになってしまいます。或いは更に悪に走ってしまいかねません。

子どもは叱られはしないと親をみくびっているような時は、その時は厳しく強く叱り、反対に叱られるな、と覚悟しているようであったならば、叱らずに温かく包んであげると、子どもはこの意外性のために素直に納得するのです。私の場合は親の忙しさを目の当たりにし、自分の行為に恥ずかしさを覚えたからでした。

子どもの非を責める前に「親が悪かった」と自分のいたらないことを省みることで、子どもも自分の心をみつめることを覚え、親を信頼し、善悪の判断ができるようになり、責任を持ち、責任を負うことの大切さを身につけてゆくようになるのです。親が子どもを思いやる優しい心をもって対すれば、叱ることの美しい「言葉」を理解し、包み込んでくれる温かい「ひびき」が自然と生まれるのです。

3　わが子を一人の人間として、一つの人格として扱う

児童相談所に保護を求めていた男子中学生が自殺をしました。学校や友人間での「いじめを苦にした自殺」ではなく、両親が暴行を繰り返し、虐待を日常的に行っていたことか

ら自殺に到ってしまったようです。暴力と虐待に堪えかねた少年は児童相談所に「保護してほしい」と繰り返し訴えていたということでありました。

これは報道記事で知ったことでしたが、三年も前から、暴行を受けており、知らずにすごし、児童相談所では、学校の通報によって親からの虐待を把握したとのことでした。学校で起こっている「いじめ」に対しては、望ましい人間関係のあり方を構築することがとても大事なことと考えられています。また家庭においては、親が手本を示してみせ、子どもにさせてみて人間関係を結ぶ方法を教え、そして努力を認めてほめてやる、ということが「いじめ」をなくすことにつながります。

また家庭においては子どもの存在を認めてあげ、その子が持っている良い点を指摘して個性を伸ばすように努めることが大切なことです。望ましい人間関係とは、相互理解、相互尊重、相互信頼、相互援助、相互協力、切磋琢磨、公正な競争、裏表のない態度、などを指しますが、こうした望ましい人間関係を築けない家庭では、親が我が子に虐待や暴力をふるい、死に到らしめてしまう事態が最近度々発生しているようです。

今度の場合は、児童相談所に保護を求めていた少年が自殺をしてしまったのです。そればかりではなく、少年は「保護してほしい」と繰り返し訴えていたのに適切な対応ができなかったという悲惨な事件ということもできます。

親から暴行を加えられたり、虐待を受けて、親と一緒に暮らせない子どもは報告統計によれば約四万六〇〇〇人にもなっているそうです。五万人ちかい子どもが児童養護施設や乳児院で暮らしているということであり、家庭で暮らせない、つまり我が家で暮らせないということになります。親は子どもの人格を尊重しなければなりません。過保護、過干渉も人格無視のひとつですが、厳罰、残酷、拒否、も子どもの人格を無視した行為です。

子どもが成長してゆく過程には、欲求、思考、意見、公正、などがあらわれ、それに対して親は認めてあげたり、指摘してあげたり、時には反論したり、提示したりすることで自立した成長へとつながってゆくことになります。それが「家庭教育」であり、「しつけ」でもあるのです。

子どもの人格を無視することで、子どもは身につけるべき道徳性や自制心、忍耐力などが身につかなくなってしまいます。家での親の暴力や虐待は、教師による体罰や、子ども同士のいじめ、と同じように人権問題なのです。子どもが「私は親から愛されていないのではないか」と親を疑ってみるようになり、そこに親からの暴力が加えられれば子どもは行き場を失ってしまいます。

子どもは、小さい頃から一人の人間として自分の人格を大事にされたいと強く願っています。「一つの人格として扱う」という子育てを原則としましょう。子どもを持つすべての親は、よくよくみずからの態度を吟味し、子どもの人格を尊重しているかを考えてみる必要があります。

4　「家庭で行う教育とは」親になることを教えること

「みんなちがって、みんないい。」という詩の一文があります。詩自体のタイトルは『わたしと小鳥とすずと』という詩です。学校のお友達は、性格も様々で行動も様々です。そのお友達も将来は結婚して親になります。どんな親になるか想像してみてください。社会には様々な人がいます。

おとなしい人、外交的で社交的な人、ちょっとオタクっぽい人。スポーツが得意な人、勉強ができる人、飽きっぽい人。体力のある人、粘り強い人。他にも様々なタイプの人がいます。つまり様々な個性を持っているということです。そこで両親は子どもがどんな親になるか想像してみてください。

この子が親になれるかな、この子が親になって大丈夫かな、孫が脇道にそれないでいられるかな。とあれこれと心配することでしょう。個性を持った人が親になることは、その影響が子どもにも及ぶということです。だから親は誰でも、子どもの将来が気がかりでならないのです。それであれこれ口うるさく、毎日注意したり、勉強をさせたがるのです。

実は親も一人の生身の人間なのです。すべてが得意なわけではありません。どんな人も長所があれば短所もあります。それでいて子どもには完全完璧を求めたがるものなのです。親が立派なのは「不完全な人間が、一生懸命に努力して親になろうとしている」からです。親はそうして生きて来たのです。

人と人は出会いの中で、お互いの欠点や長所を認め合い、補い合って生きていくものです。結婚して夫婦となり、子どもを得て家族ができ、生活して成長するのが家庭なのです。つまり家庭で行う教育とは「親になろうと一生懸命に努力することを教える」ことなのです。一生かかっても完全な人になれないかも知れませんが「不完全な人間同士が一生懸命に完全になろうとする営み」なのです。

親だからと言って一方的に「親の価値観や生き方」を押し付けてよいものではありません。親と子の出会いは奇跡的なことなのです。家庭は、親子の出会いから始まり、感謝や尊敬の気持ちを持って、時にはお互いの欠点や長所を認め合い、許し、補い合い、共に成長する場所なのです。

欠点も長所もすべて引き受けることができる人になるための訓練の場所なのです。家庭を単位とする親子は「愛情によって結ばれた、素晴らしい関係にもなり得るし、親子であることから不幸が始まる」ということもあります。かけがえのない絆だからこそ難しいことがたくさんあるのが家庭なのです。

「すべてを引き受けることができる人間になるためのレッスンが始まるところが家庭」なのですから、家庭で行う教育とは「不完全な人間が一生懸命に努力して親になるために、共に努力」することを教えることなのです。みんな同じような大人になってしまったらどんな世の中になるのでしょう。みんな違った個性を持って、人と人とのつながりを持った社会。「みんな友達、友達の輪、みんなちがってみんないい。」ということを教えましょう。

5　子どもの読解力を伸ばすためにはどうすればよいか

子どもの読解力を伸ばすためには文芸にたくさん触れさせることが良いでしょう。成長過程に従って触れさせる文芸は、俳句、短歌、定型詩、自由詩、物語り、小説、の順で読みすすめるのがよいようです。

「ゆとり教育」から「学力重視」へと教育方針が変更になった「きっかけ」は何だったのでしょう。既に報道され、誰もが知っているように、子ども達の「読解力」不足が指摘されたからでした。

ＯＥＣＤ（経済協力開発機構）のＰＩＳＡ（学習到達度調査）の調査の結果から、我が国の児童生徒について三点の指摘があり、平成二十年に「学習指導要領」が改訂されました。その指摘は次の事項でした。

① 思考力、判断力、表現力、等を問う読解力や記述式問題、知識、技能を活用する問題に課題がある。

② 読解力で成績分布の分散が拡大しており、その背景には家庭での学習時間などの学習意欲、学習習慣、生活習慣に課題がある。

三つの指摘の中に二項目に渡って「読解力」欠如の指摘がありました。知識として覚えるだけでなく、暗記をすることだけでなく、自分で内容を読み取り、意味を理解し、意図するところを充分に理解しなさいということでした。

全国一斉学力テストの結果にもそれが表れ、学力低下が指摘され、学力重視策が講じられたのでした。

現代社会は情報化社会ということで、「見ること」は皆よくやっていますが、「聴くこと」

をしていないようです。読解力を養うことは、実は聴く力であって、聴く力の欠如が原因なのです。ひとつ例を挙げます。

東日本大震災で、ご家族を亡くされた方に会い、何を話したらよいか分かりませんでした。そこでじっと話を聴いてあげる事にしました。被災地の方が語ってくれた言葉は、まさに「命の叫び」でした。「聴く力」を持った途端に、人々の言葉が、心に、胸に突き刺さって来たのでした。そして悲しみの言葉が耳に深く刻み込まれたのでした。

読解力とは、言葉を発した人の「思い」を受け止める「聴く力」なのです。震災を詠み込んだ俳句や短歌が発表されています。日本人が千数百年前から「凝縮した思いを込めた言葉を定型という器」に盛り込んだ詩歌です。

短歌、俳句、詩、にはそれぞれの「人の思い」が、たくさんの思いが、集約され凝縮され、洗練された言葉となって「ぎゅうっと詰まっている」のです。だからこの言葉に触れると、感動し、想像力が膨らみ、同じ思いになれるのです。これが「読解力」なのです。「物語」を小さい頃から読み聞かせることも「聴くこと」につながり読解力を養います。

「詩」は読んで聞かせることが自然な形式ですが、小説は想像力を養い、思いを広げます。読解力を伸ばすには、まず、俳句、短歌、定型詩、口語自由詩、へと何度でも声に出して読み進めることが大事です。「ぎゅうっと詰まった言葉」からどれほどたくさんの思いを汲み取ることができるでしょうか。

子どもさんが、これらの作品を読み終えたら、ご両親は子どもさんがこの作品からどんな思いを読み取ったか必ず聞いてあげて下さい。これで文章の読解力も必ず伸びるはずです。

6　親からの読み聞かせの大切さ

思春期から青年期にかけて精神疾患を発症しやすいといわれています。しかし幼児期から学童期はその助走期間と考えることもできます。幼児期から学童期にかけては、対人緊張が最も高まる時期といわれています。精神疾患を発症しやすい子どもの思春期・青年期にかけての対人緊張の強い時期においては、対人関係の「こじれ」をきっかけに精神症状が出やすいことを留意しておく必要性があります。

また高校生や大学生の時期においても、当事者間の関係性の問題に加えて、特に立場的に弱い人、精神的に弱さを抱える人のストレスの受け取り方にも目を向ける必要があります。学校などでは（古いタイプの教師の中には、精神的にタフな人が多いため、このような配慮が行きとどかないことが多いようです）責任感の強さからか、子ども達にきつくあたってしまう教師もいるでしょう。

こうして傷ついてしまう子どもの中には、生まれながらの要因があり、ストレスで精神疾患を発症しやすい子どもが、一定の割合で存在することを理解しておきましょう。

幼児期には養育環境の問題があります。親自身が受診してカウンセリングを受ける必要があるケースもあるでしょうし、教員がそうした親子関係である、ということを理解できない人もいます。教師は、常にそうした、子どもと親の関係に気づいたら状況をくみ取って支援につなげることを心がけるようにしましょう。また親も隠すことなく教師に必要とあらば話しておくことが大切です。

学校に入学すると、対人関係のトラブル、子ども同士の気の合わなさ、あるいは教師からの叱責や、友人からのいじめなどが発生します。これらを未然に防ぐことも大切ですし、気づいた時点で第三者が早期に介入する必要もあります。入学すると同時にこうした環境におかれ、すべてが子どもにとっては大きな負担となります。家に帰ったら安らげる場所を作ってあげることが大事です。

子どもの気持ちが落ち込んでいるような場合など偶発的な対人因子とかかわることも多くあります。人は皆、心の筋肉を持っているといわれています。子どもも心の筋肉を持っていて、ストレスをねじ伏せて生活しています。辛い悲しいことをたくさん経験し、乗り越えてきた大人とは違って、まだ丈夫な心の筋肉ではありません。心の筋肉は、年齢や性別による格差はなく、子どもでも大人でも、心の筋肉が太い人もあれば、細い人もいます。最近では小学生でも神経性の胃潰瘍になることもあります。

この心の筋肉というのは、年齢や体力に関係なく治療によって必ず太くなります。これを育てるのが「読み聞かせ」です。幼児の内から良い本を読み聞かせ「強い心の筋肉」を作ってあげることです。幼児のときから小学生が終わるころまで続けることが大切です。親が家庭で行なうのが良いのですが、公共の場所で、いま多くの人々がこれにたずさわっています。学校から帰ったら「読み聞かせ」によってストレスを受けた筋肉を回復させるようにしましょう。

7　自己表現の訓練でトラウマ解消

「トラウマ」と呼ばれている感情はだれもが持っています。できれば自然に消えるものは無理をして思い出さない方が良いと思います。大人になってからトラウマは形成される場合もありますが、ほとんどは幼少時の経験によって形成されたもので、自分では意識していないことが多いようです。

たとえば、幼い頃にすごくいじめられ、それがトラウマとなっている人の場合、小さないじめに対しても過敏に反応することがあります。だがそれは、なぜ自分がいじめに過敏に反応してしまうのか、本人が理由を認識していないことがほとんどです。

トラウマはだれもが無意識のポケットのうちに、ひとつぐらいは張りついているようです。無理に嫌なことを思い出させて涙を流しながら、「私はそんな人生を歩んできたのです」と認識させるよりも、無意識ポケットに蓋を閉める筋肉を強化した方が確実であり、安全性が高いと思います。

トラウマを認識するのは本人にとって辛いことなので、それがよほど大きなものでない限り、放っておいたほうがよいことが多いようです。ある程度、無意識ポケットの許容範囲は狭くなりますが時間が経てばいずれは風化してなくなるでしょう。よほど大きなトラウマでなければ、トラウマ自体はそのままにしておいて、心の筋肉を強化し、無意識にポケットの蓋を閉めることができるようにするのが良いでしょう。そのためには、それに替わる、それを忘れるほど夢中になれるものがあると良いのです。

そこで、トラウマに蓋をすることができるよう文芸に親しむこともひとつの方法です。それは「自己表現の訓練」をすることです。自己表現を思いのままに述べたり、表現したりすることができれば、トラウマの蓋をあけることをしなくてもよくなります。しかし最初から「自分の意見を述べる」「自分の論理を構築する」などは大変なことと思われます。

　自分の心の内を最も短い言葉で述べられるのは「俳句」という文芸です。俳句は僅か十七文字ですので、幼児から始めることができます。幼稚園児から超高齢者に到るまで愛好者がいます。これは自分の思いを「物に託して詠む」ので、それほどむずかしくはありません。やがて字数を多くして「自分の思いや今の心の内をもっと述べたい」と思うようになったら短歌をたしなむのが良いでしょう。短歌は、三十一文字で特に下の句の「七七」の語句には自分の気持ちや、思いを詠み込めるとても良い自己表現の手段となります。

　更に「自分の思いをきちんと大胆に表現しよう」と思うようになれば「定型詩」があり、更には「思いや思想、自然や社会」などを述べようとすれば「自由詩」があります。こうした文芸表現を通して「トラウマ自体も表現」することができるようになります。そして「物語」「小説」「自分史」などに広げてゆくことで、心のトラウマは自然と解消されてゆくことでしょう。

第四章　周囲の働きかけと社会性

1　自分のことを気にかけてくれる人の存在とは

内閣府では二〇一〇年に「国と地方が連携・協力して、社会全体で子育てを支える、という気運を盛り上げる」という宣言をしています。具体的には、子どもを主人公と見て子どもを大切にする社会づくりを推進し、子どもは社会の希望であり、未来の力であるため「子どもの笑顔があふれる社会」を作ることを目標に、家族や親だけが子育てを担うのではなく、社会全体で子どもを守り、子育てを支援してゆくことを重要視し、国、地方、企業、職域、地域、NPO、家庭、個人、すべてが子どもを見守ってゆくという運動をしています。

ところでいくら子どもをあらゆる立場から大切にしても、親が子どもを持つ理由、或いは親と子どもの関係において親がどう変わっていくことができるのかを明確にしなければ現状の諸要因に左右されてしまいます。子どもを持つことに対する大人の回答で最も多いのは「子どもは愛情を注ぐ対象であり、家庭を明るくし、楽しくする」と男女とも言っています。

つまり「気にかけてくれる人」はどこにでもいるということです。子どもを大切に思わない社会は衰滅し、国家は滅びます。なぜなら子どもがいることで、家庭、社会、地域や国家は「精神的な充足」を得られているからです。家庭内の様々な問題、社会で起こる事件に子どもが関わっていることに「親子や夫婦の関係性が重要な役割」を果たしているからです。

家庭、地域、社会、国家は「子どもの人間関係と人格形成」に大きな影響を与えているからなのです。学校での友人や先生、スクールカウンセラーや相談員、地域の登下校支援、子どもパトロール、町の人々、交番のおまわりさん、役所の方々、みんなが「気にかけてくれている人」です。内閣府が宣言したように「子どもを主人公にして子どもを大切にする社会づくり」にだれもが参加しているのです。気がつかないでしょうが皆んなが、どこかで「自分を気にかけてくれている人」なのです。

まず家庭での兄弟姉妹、両親や隣り近所の方々、すなわち「横的な繋がりとして人と人との関わり」を持っているのです。人と人との関わりは「人格形成に役立つ訓練の機会」を与えてくれているのです。それが「自分を気にかけてくれている人の存在」なのです。けっして孤独であり、自分ひとりだけ、ではないのです。よく目を見開いて見てください。

そうした人間関係の繋がりは、その関係性を更に広くして見てみると、人類が家族のように兄弟姉妹として平和に繁栄を享受して共に生きてゆくのが「気にかける」という基礎的な働きかけなのです。「気にかける」とは、人類がともに手を取り合って生きてゆくための共通の基盤となる普遍的な価値といってもよいのです。「気にかけてくれている人がいる」と信じ、「気にかけられるようになる」関係性を築くことが、よりよき人生を歩むうえでの力となり、その本質は「愛」という思いであり、それに基づいてよりよく生きることが人類普遍に求められているのです。

2　携帯電話に夢中になっているのは親

平成二十七年の四月一日から「子ども・子育て支援新制度」が実施されています。これは「子育ての私事化」から「子育ての社会化」への移行を図る政策です。平成六年に政府は「少子化対策、子育て支援対策」として「エンゼルプラン」を策定しました。今回の新システムは、働く母親が仕事と家庭を両立できるように子育てに関わるあらゆるサービスを拡大し、働く母親の子育て支援を通して子どもを産んでもらいやすくし、少子化に歯止めをかけようとする目的で作られた政策です。

一方、平成二十七年の一月から「新オレンジプラン」が始まりました。認知症の方と高齢者の方を支援する考え方で、高齢者の方が住みなれた地域の環境で自分らしく暮らしを続けることができる社会を実現するという目標があります。どちらも「少子化、超高齢化社会対策」として打ち出された政策でありますが、言ってみれば「子育ての外注化コンビニ化」であり「高齢者の入居拘束介護」から「在宅地域介護」への転換を図る目的があります。

「携帯電話」の話がなぜ少子高齢化なのかと疑問を持たれたでしょう。それはもうひとつ「非婚化、晩婚化、晩産化」という問題があるからです。実はこちらの方がより深刻な問題を秘めているのです。このままこの状況が解消されなければ、日本人は消滅するしかないといわれています。それほど深刻な問題なのです。

人は一人で孤立しては生きてゆけません。だれかと繋がっていたい、一緒にいないと安心できない、不安であるという気持ちを持っています。この不安な気持ちにさせる要因が、結婚問題であり、出産であり、親子家族の絆の問題なのです。ここに便利な携帯電話が入って来たのです。朝から晩まで、夜中も携帯電話で話をしたり、メールでやりとりをしているのが現代社会なのです。それによって「繫がっている」と錯覚をしてしまうのです。働く場所や仕事に愛着を持つことで生甲斐となる。熱中することで充実感を持つ。すると結婚も、出産も、子育ても、老父母の介護も面倒になってしまいます。その上尚面倒だからと、働きもせず、結婚もしようとしないという傾向が強まります。

携帯電話で話をし、結婚または一緒にいると錯覚する擬装結婚が生じてしまう。恋人や夫婦が遠距離恋愛や単身赴任をしている間携帯電話で連絡をとり、固く繫がっているものと思っていましたが、恋人は別の女性と交際したり、夫も妻も別の男女と関係性を持っていることが判明すると、途端に「裏切られた」「あれだけ報告し合っていたのに」という怨念が生じ凄惨な事件になったりします。なまじ携帯があるからこうなるのであって、昔のように遠く離れていても通信手段がない場合は、お互い信じあっていた、ですむところであるのです。

今や日本は「つながりすぎ社会」であるとも言えます。ラインやスマホなどで過剰な接続が可能で、むしろコミュニケーションを空疎化にし形骸化させすぎているとも言えます。老老介護や独居老人の所には誰も訪ねてゆきません。高齢者の父母には携帯もかけず施設にあずけっぱなしにし、いわば棄老してしまいます。子どもには携帯を持たせてあるからと高を括っています。その結果独居老人、高齢者夫婦の死亡発見の遅れ、子どもの誘拐殺人事件がなんと多いことでしょうか。この間「親は誰かと夢中になって携帯電話」をしていたという事態があまりにも多すぎるように思われます。

社会の中で孤立する人が増える一方で繋がりすぎることも心配なことです。矛盾した現象ではありません。個であることと、人の輪をつくること。二つのことを各自の中で調和させることが大切であるのです。若い方々は携帯、出会い系サイトで知り合い、繋がり合っていたと思い実際に出会った途端に殺人行為に及ぶということもあまたあるようです。ソーシャルネットワークも良いが「ほどほど」も必要であろうと思います。

3 「進路に悩む子どもに対して親ができること」家庭は憩いの場であって欲しい

幸福な人生を歩みたい、とよく耳にすることがあります。実は幸福の追求とは「人の生きていく営みそのもの」なのです。誰もが幸福を願っているが、「幸福感は一人ひとりで異なっており主観的なもの」なのです。その幸福感を感じられるものに仕事もあります。

進路の選択とは「幸せな人生を送りたい」と願って「生きる道」をえらぶことです。しかし、そのような道は「どこかにころがっている」ものではありません。「幸福を手に入れるために何をしているか、その時が幸福な時」と言えるのです。常に継続的に、流動的に、発展的に、自分の志望を明確化し、自己を深めながら目標を達成するのが進路なのです。それではなぜ悩むのでしょう。それは親子で「進路への考え」が異なるからなのです。

①　子どもは将来産業社会で働き、給与生活者になる。学校は親の願望や進路の実現に必要な学力と学力を付けてくれればよい。
②　いずれ高額所得者、高給与を獲得する身となって親の老後を保障して欲しい。
③　隣の子どもは我が子の敵、競争相手であるから、親も一緒に子どもの成績向上に尽くすのはあたりまえだ。
④　親の愛情は、我が子の利益と将来性を確保するためになんでもすることである。
⑤　豊かな人間性よりも子どもをより高い交換価値のある成績をあげ、高偏差値校に入れたい。有名校に入学し、有名企業に入社して欲しい。

これらが親が子どもに期待する進路観でありますが、これを全部否定することができますか。それでは、子どもはどのように考えているのでしょう。同じようにあげてみます。

①　親はいつまでも自分を子どもだと考え、自分のものだから親の言う通りにしろと言う。
②　親が生きた時代と自分が生きてゆく時代は違う。経験も内容も、時間的に異なって

いる。
③ 親は親の考えを主張し、子は子の立場で考え、それぞれ歩み寄る余地もない。
④ 両者の意見の是非が問題なのではなく、親だから、子だからという甘えがある。
⑤ 進路の決定は親が決めるものとの考えが強く子どもに期待をかけすぎる。
⑥ 全く親でも関心を示さず、勝手に決めろという放任的な親がいる。

以上のように、親と子の繋がりは愛情という形の繋がりで、親は子に対して無償の愛の対象として子どもの存在を考えているが、親の子への気持ちと、子の親への気持ちとはなかなか一致しないものです。時にはすれ違ったり、ぶつかったり、一方的に相手を包み込んだり、つぶし合ったりしてしまう場合もあります。そうした事がある方がかえって進路のことについて「親子でじっくり話し合える」よい機会かも知れません。

親の考えと言い分、子どもの考えと言い分、をあげてみました。ずいぶんと異なるものですね。まだ他にもたくさんありますが、家庭は血縁と愛情と信頼感によって結ばれ、精神的にも肉体的にも緊張感を解きほぐす憩いの場であることを忘れないようにして下さい。

4 「悩みの多い年頃」と言われる思春期に親はどう対応すべきか

悩みは誰にもあります。悩みのない人はよほど太平楽な生き方をしている人ですね。子どもには子どもなりの、大人には大人なりの、老人には老人なりの悩みがあります。またその悩みは深刻なものから、比較的軽い悩みまで様々あります。青年期、思春期は特に悩みが多いと言われています。それらの悩みは二つに分けられます。ひとつは身体的悩み、ひとつは人生的悩み、となります。この時期は第二次性徴期といわれ、子どもの身体から大人への身体へと変化する時期です。

少年は筋肉が発達し、髭や体毛が濃くなり、変声期を迎えます。それ故に体についての悩みも多くなります。身長の差、成人の差、容貌や容姿、或いは性徴の差などについて悩みます。これらは個人差があり、いずれは解消するものですが、本人はひどく悩みます。こうした時に頼れるのが親友であったり、叔父さんであったり、兄弟であったりします。この時が父親の出番ということができますね。

女子は同じように容姿や容貌、体型や髪の毛、特に顔の容貌についてはひどく悩む女性もおります。こうした点は生まれながらのものですが、ひどく悩むと親のせいにしたり、母親のせいにする女性が多いようです。案外こうしたことは父親が相談に乗ってやるとか、祖父母がいたらうまく行く時もあります。

どちらにも共通するのは恋愛感情ですね。初恋というものでしょうが、他者にあこがれを持ちます。大人の場合はそれなりの経験から上手に自分の気持ちを処理することができますが、この時期はとても深刻な問題と考え、ふさぎ込んだり、勉強が手につかなくなるようなこともあります。時期が来れば自然に解消し、大人になって考えると懐かしい思い出として蘇るものになります。しかし近年こうした「恥じらい」や「気遅れ」などの感情を持たなくなった青少年が増えています。

厚労省や教育研究所の調査などでは、高校生の性体験が男女共に三分の二に昇っているという報告もあります。

性交渉によって互いに傷ついたり、これが原因で殺人に発展してしまうような事件が相次いでいます。更に性的体験は中学生にも及んでいるという由々しき事態にもなっています。望まない妊娠や身体への損傷など人生を損ねてしまう事件にもつながっています。「悩みの多い思春期」といわれるが、この時期までに「禁欲的生活」「厳しく自己を律する精神」「人を尊重し、人格を尊重し、尊厳を重んじる心」などの気持ちを養成させることが最も大事なことかも知れませんね。

大人の社会でも、日本人全体から欠落してしまったものに「恥の文化」「忍耐の文化」「武士道の精神」があります。会津藩には「什《じゅう》の掟」がありました。「ならぬものはならぬもの」という堅い精神、自制心を持つよう、社会や地域、家庭では養成したいものですね。日本には「恥の文化」がありました。親はしっかりと子ども達に教えてあげることが大切ですね。

5　親離れできない子ども、子離れできない親、それぞれ自立するためにはどうすればよいか

日本は昔から子どもにやさしい文化をもっている国と言われていました。モースという

十九世紀に日本を訪れた博物学者は「日本人は確かに児童問題を解決している。日本人の子どもほど行儀がよくて親切な子どもはいない。また日本人の母親ほど、辛抱強く愛情に富み、子どもにつくす母親はいない」と日記に書いています。

現代も「子どもにやさしい特徴は続いている」といってもよいでしょう。しかし一点だけ違っていることがあります。それは近隣の子どもたちを含めてではなく、「我が子についてのみ甘く、必要以上に子どもに尽くす母親」ということです。家庭では数少ない我が子について、幼いときから過剰な配慮が向けられるようになって、子どもを雁字搦《がんじがら》めにしてしまいます。これが自立を阻んでいるのです。どちらも自立することができないと、かわいさあまって憎さ百倍、家庭内暴力、ひきこもり、親子殺し、という悲惨な事件にもなってしまいます。そうならないようにできないでしょうか。すんなり自立、親子離れしたいですね。なかなかむずかしいことですが、幼児期から心がけておくことがよいでしょう。

子どもの主体性や自律性が尊重されるべきことは、当然のことで、これに対して反対する人はいないでしょう。かといって、子どもがすぐに自立できるはずはなく、大人のかかわりは必要にして不可欠です。重要なことは、何について、どのくらい、どのような、関りが適切であるかを見定めることが大事ですね。大人ほど「もっともっと」「がんばれ負けるな」というハングリー精神が大切であることを説く人が多いのです。しかし人間の安心感や、心地よさは、基本的な欲求が充足されてはじめて「自立」と「礼節」を得るものです。とかく親はこのことよりも学力などに目を向けてしまいがちです。

大人も子どもも、これから先の時代、未来がどうなるのかは具体的にはわかりません。それなのに大人は、自分の過去の経験、親から聞いた話にもとづいて、子どもを叱咤激励します。こどもからすれば「分かったようなことを言って、結局やっていることは昔の古さじゃないか」と親をせせら笑うのです。

親も「戦争の残虐非道はもはやご免だよ。なんと言おうと平和だよ。平和であるためには一生懸命勉強することだよ。私達は勉強しようにもできなかったのだから。」と頭で考えた平和と勉強を標榜しながら、日々の平和が新鮮に創られ、実際的な心覚えを、大人から何ひとつ教えられていないのに、だから何につけてもハングリーさとがむしゃらを強制します。「欲しがりません勝つまでは、甘えてならない合格まで」と子どもを激励します。家庭の中の対話までも、自分がものを言うと、昔、耳にしたような言葉使いと、差し障りが生じると問答無用、「黙らぬと許さんぞ、やる気がないのなら出て行け」という言葉でケリをつけようとします。対話なんていうものではなく、結局一方的な制圧になってしまう。そこで内心は「出て行っては困る」「親も本心ではないな」と子どもに見破られ、ついにどちらも自立できなくなり、そうした親子喧嘩のようなやり取りが日常化し、親離れ、子離れができなくなる「甘えの家族」となってしまうのです。

親離れ、子離れ、が簡単にできる魔法のような方法はありません。何しろどちらも未来が見えないし、時と共に世の中も、制度も変化をするのですから、どちらも不安をもっているものです。ただひとつ言えることは、「自分は必要とされている存在だ」「自分のことを気にかけてくれる人がいる」ということを子どもが自覚することです。

更には、各自の役割は外から与えられる、という近世までの社会とは違うのが今の社会です。子どもはまだこれといった役割をもっていません。しかし「自分は、自分を超える集団とつながっており、それに支えられるとともに、それに何らかの寄与をしている」という正当な感覚と、実感できることの大切さを再認することが自立につながります。これが「親離れ、子離れ」の最も大切な意識です。

6　通信簿はどのように受けとめればよいか

学校には学籍簿が保管されています。かつては「学習指導要録」とも言っていました。保管年数は学校教育法によって定められています。卒業した後二十年と規定されています。また学籍簿抄録は次の学校に進学した時に、進学した上級学校に送付されます。これは、それまでの学校でどのように学習し、習得したかという記録です。進学先ではそうした過去の学習指導内容を踏まえて新たに学習を開始します。

勿論これは本人にも保護者にも開示はいたしません。厳重保管となっており、非常用搬出耐火金庫に厳重に保管されています。これは、小学校、中学校、高等学校へと進学する児童生徒が、途切れることなく、一貫した教育を受けられるように配慮されているからです。勿論大学にも卒業済の学校から送付されて来ます。一般に内申書と言っている書類とは異なっています。教科、科目の成績だけではなく、健康や活躍した事柄、生活全般の記録と言っても良いかと思います。

この学籍簿を判り易く、保護者に伝えるための記録が通信簿と言うものです。ですから通信簿は学校に於ける児童生徒の生活と学習の記録を伝える帳簿といえます。親や保護者は成績の記録だけを気にかけます。しかしよく見ていただくと、学級委員のことや、出欠席や、身長体重測定の記録や、健康状況、生活や学習の学級担任の所見などが記録されています。また各教科、科目は五段階の評定や、観点項目についての評価、或いは到達度についての評定が記されています。親や保護者が一番気にとめるのが、教科、科目の評定です。その中でもクラスの順位を知りたい親が多いようです。

「ゆとり教育」が学習目標になっていた時期は「新しい学力観」に基づく観点別評価、到達度評価となっておりました。それ以前は相対評価といって、学級全体の中で割合が決まっていて、それに基づいて五段階や十段階で評価されていました。そのため学級における順位のように考え、親は一喜一憂し、子どもを叱咤激励し、教育関心が過熱しました。そこで相対評価をやめて、絶対評価としましたが、また学力低下が指摘されてから評価をめぐっての議論が盛んになっています。

学力はテストの得点ではありません。学校での教育活動が遂行される過程での、子どもが獲得していく諸能力を指します。学習対象についての認識、知識、技能、或いは対象に対する関心、意欲などが記録されています。親や保護者は通信簿に記録されている上記の子どもが獲得した力に注意を払ってください。学習とは、学ぶ能力と学んだ事柄を使いこなせる道具のふたつを合わせて学力といっています。通信簿には①基本的生活習慣、②情意的内容、③知的内容、④学び方と学んだ成果が記されています。これらの記録が学籍簿となります。我が子のどこが不足しているか、どこが勝れているかを上記の四点に注意をしてご覧になって下さい。只叱るだけではなく誉める所がたくさんあるはずです。

7　よそ様の家庭に介入はできないか

「いじめを苦にした自殺」や「親からの子どもへの暴力行為、虐待」は日増しに増加しているように思えてなりません。家庭教育支援にしても、児童相談所支援にしても、難しい問題があるためであろうと思われることもあります。

家庭教育支援、児童相談所、などがかかえている問題は「よそ様の家庭に介入したり、家庭内の問題のどこまで踏み込めるか」とか「子どもを守ることをどのようにすればよいのか」とか「親を指導したり、支援するとはどのようにすればよいのか」ということに対する明確な基準や方法が見出せないでいるからです。

現在施行されている児童福祉法でも、こうしたことに対して、明確な運用基準はなく、児童相談所職員や家庭教育支援チームも、求められてはいるが、明確な基準や適切な対処法がないために試行錯誤の毎日であるように思われます。そこで自民党厚生労働部会は、児童相談所の業務に、虐待などで児童養護施設や乳児院で暮らしている子ども達に養子縁組をできるようにして、里子だけでなく、子として育ててもらうようにするよう検討し始めたということが最近報道されました。

いじめも虐待も親や大人や地域の人達が、いじめ行為や親の虐待行為を早期に発見し得ないためでしょう。「いじめ」について、小学生でも中学生でも善悪の判断は一応は持っていることでしょう。悪いことを知りつつ、いけないとは思いつつも悪いことをしている。学校や教師の目の届かないところでいじめの行為を行っている。家庭での親から子への虐待も同じことでしょう。家の外では虐待はしないようにみせている。よそ目には仲のよい親子であるようなそぶりをしているというようなことがよくあるようです。

しかし、どちらもだれかが目撃をしている人がいるはずなのです。そうであるにもかかわらず死に到ってしまってから、報道陣のインタビューなどでは、たびたび見た、とか、たびたび泣いている声が聞こえた、と語っています。それでは、どうしてその時に学校や児童保護施設や警察署に通報してくれなかったのでしょう。

目撃していながら通報しないのは「チクリと思われたくない」「仕返しが怖い」と考え

てしまうからでしょうか。「いじめ」の場合は、いじめている者があらかじめ、親や先生に知られないように、周囲の者を「チクラナイ」ように威《おど》しておくという卑劣な行動をしておく場合が多いようです。

親から子どもへの虐待のあることを知っていても、どんな人かわからないから近づかないようにしよう。虐待を受けている子どもを見かけても「関わらないようにしておこう」というこれもわが身だけのことを考え、社会全体として子どもへの関心を持たないようにしているとしか思えません。

子どもは社会の宝である。地域の宝である。わが子も近所の子もみんな同じように可愛いと思う。そういう無償の愛情を持っていたら放ってはおけないことでしょう。無条件に子どもをかわいいと思ったら、「どこまで関わったらよいかわからないから」などといってはいられません。「わが子をかわいいと思わない親はいない」「どこの子どももみんなかわいい」と皆いいますが、関わらないようにしようという態度は、はたして本当に「わが子」を「地域の子ども」をかわいがっているると言えるでしょうか。

すべての親が、すべての機関が「真に子どもを愛していれば」、登校拒否も、家庭内暴力も、校内暴力も、いじめも、虐待も、自殺も、非行もこれほどまでに増えることはないと思います。真に「愛するということ」は、その存在自体を無条件に肯定することであると思います。そうして愛していれば虐待も、いじめも法的基準が必要だとか、よその家庭内のことであるから、自分とは関係ないからなどと言わないはずでしょう。

人間はだれもが自分のことがかわいい。だから人様とはかかわらない。こうした個人主義、いや利己主義を捨てなければ「いじめ」はなくならないし、「いじめを苦にした自殺」まして「親からの暴行虐待によって少年が自殺をする」という、これほど痛ましい事件はなくならないでしょう。傍観者的思考をやめて、だれもがどんな子どもでもかわいいと思うようになりたいし、そういう世の中にしたいですね。

8　デスノート掲示板と自己評価

自己評価の対象とする事項はたくさんあります。仕事や認知に関わる事項もあれば、

「嫌いか好きか」「かわいいか不器量か」「不細工か美形か」などの項目ならそれほど重要とは考えないでしょうが、青少年期はこうした些細な事項が深刻な事態を招いてしまう場合があるのです。一般的には男性の方が自己評価は楽観的な傾向が高く、女性は比較的深刻と言われています。女性は比較的ストレスをためやすかったり、不安傾向が高かったりするという特徴もあると言われています。

「自殺したい。死んでしまいたい」と思うまでには相当な自己評価の低さを抱えていたのかもしれません。飛躍しすぎる例と言われるかもしれませんが、最近、夫の不満や愚痴を書いて「死んで欲しい」などと書き込む主婦のための掲示板「だんなデスノート」が話題になっています。妻なる方が匿名で、夫の不品行や気に入らない側面についてつぶさに書き記し、それに対して共感や共感しない、などの反応をクリックするものだそうです。「てめえの借金はてめえの生命保険で完済しろ」という反応や「金だけ稼いで一生帰ってくるな」などという書き込みが思わぬほどあるという紹介を「テレビ番組」で取り上げられて大きな反響を呼んでいます。

　このような掲示板は「書き込み者の名を記さず匿名でコメントやクリック」をするものであるから検索ワードは何でも書き込めます。「夫」と検索すると、「嫌い、仕事ができない、死んでくれ、ストレス」などの印象の強い単語が目立って表示されます。もしここに青少年が「いじめは面白いか、いじめてみたいか」とか「死」についてのクリックを求めたとしたら、「早く死ねば楽になる、それは死んだ方が早い、死ねばいじめられない」などというクリック表示がされていたらどのように受けとめたら良いのでしょう。この「デスノート」に「裏オプションとして、あるコードと連絡先」を書いておくと「殺人とはわからない自然な形で依頼人の消去を実行してくれる」という裏のサービスがあったとしたら一体どれくらいの人が実際に実行を依頼するでしょう。推理小説のような話ですが実際のことだそうです。

　話をもとに戻して「自己評価・自己肯定感」についても共通なことが言えます。人生に幸せをもたらすものは良き人間関係であり、より良い家庭を築くことにあります。日本人は他の国の人と比較すると「自分をそこまで価値視していない、つまり自尊心や自己評価が相対的に低い」というデータがあります。学校生活や人間関係、特に友人関係について「自分の選択に確信が持てない」という人が多くいるそうです。青少年は特に誘惑や欲望に負けてしまいやすいこともあります。危険な環境に身を置かない努力をすることも必要なことと思われます。例にあげた「デスノート」などの掲示板には特別な配慮も必要です。安易にクリックをしてしまい「魔の手」にかからないように注意せねばなりません。人生で大切なことは「人間関係」であり、父母との関係に温かい人間関係を見出せなければ、兄弟姉妹・祖父母や友人・先輩や後輩・そして信頼できる指導者や近所の人達から信頼してもらえません。

日本人の自己評価の低さは自己肯定感にも繋がっているようです。「私は価値のある人間だと思う」という問い（日本青少年研究所）に対して、日本の青少年は「そう思う」は七・五%。米国は五七・二%。中国は四二・二%。韓国は二〇・二%です。「まあそう思う」は日本は二八・六%。米国は三一・九%。中国は四五・四%。韓国は五四・九%であり、「そう思う」と「まあそう思う」を含めると日本は三六・一%。米国は八九・一%。

中国は八七・七％。韓国は七五・一％であり、日本の青少年の自己肯定感がいかに低いかが一目瞭然であることがわかります。「私は価値のある人間だと思う」という質問に対して「価値ある人間だと思わない」と答えた日本の青少年は一六・七％。米国は三・二％。中国は一・八％。韓国は四・三％で日本の青少年の自己否定率の高さは他国を圧倒しています。しかしこの「デスノート」をクリックする数は圧倒的に日本が多いそうです。これを待ち受けている人間がいるかも知れないのです。

第五章　続く「いじめ」はどうすればなくせるのか

1　「なぜ、いじめはなくならないのか」学校で教えていること

学校教育に求められている課題を、取り急ぎふたつ考えてみましょう。ふたつ考えるということは、相対する項目をあげる方法と、相共通する項目をあげること、とすると、どうも四点について触れなければならなくなります。

最初のひとつは「学校集団、学級集団」など、集団の中の一員として教育を受け、集団としての答えを出し、一致する答えを見出し、教師は、ひとつの答えに生徒を導くことで学習効果が得られた、とする集団教育があります。これに相対する方法に「個人、個人教育」があり、こちらはそれぞれの個人を尊重し、個人の考えを大事にし、しっかりとした自分の生き方、考え方を確立した人間に育てることを教育の目標とします。

学校での教育は、この「集団教育」と「個別教育」のふたつを、時に応じ、場に応じ、それぞれを同時に取り入れたり、それぞれを別々に取り入れて教育が行われています。まず、入学すると入学式があります。これは集団教育の始まりです。次に学級集団に分けら

れます。ここでは、本来見知らぬ間柄でしかない人々を集めては適当に、或いは意図的に、クラス単位に振り分けて、朝の登校時から、夕方の下校時まで、一つの空間の中で生活を共にします。

次に学年集会や学年会、遠足など学校行事として一緒に行動します。次に運動会や校内行事として学校全体の集団行事があります。これらの集団教育活動は、極めて日本的であり、明治五年の学校制度の開設から極めて重要、有意義な教育として、戦後「個人の尊重、個人の尊厳、個人主義」などの考えが取り入れられるようになっても、集団教育は重要であるとの考えで今日まで連綿と引きつがれています。

教室や学校に集められたメンバーは、そこに集められたというだけの赤の他人ともいえます。しかし、ここでは「恰《あたか》も家族であるかのように、仲良くしていること」が原則です。そして無理強いされるように、教師から求められます。つまり集団を構成する一員として、何事も同じように、一斉にすみやかに行うことが求められます。

好きでもない相手とは精神的な距離を置き、差し障りのない範囲で付き合う、というのは大人社会、一般社会の間で行われている当たり前のことです。しかし、学校という場所では決して許されません。そのような閉鎖的空間で、一日中、不自然にも仲良くしていることを強制されます。もっとも、こういう中で辛抱し、自己を滅却し、自分の考えを捨てて大勢の方向に同調することを身につけるのが集団教育の目標であるならば、群れからはずれる行動や考えは否定されるのは当たり前でしょう。ここを上手に表面的にせよ、仲のよい集団をつくり「団結力」を誇るのが教師の力量と考えている教育関係者が大勢います。

このような閉鎖空間で不自然にも仲良しでいることを強制され、自分の考えをおし殺して、皆が目指す方向に従ってゆけば、生徒たちの心理には当然「ムカつき」や「苛立《いらだ》ち」が生まれるでしょう。その苛立ちや不満を特定の生徒に向けてゆくのが「集団いじめ」となるわけです。

そのような場所では、もはや独立した個人として他人との関係性や、精神的な距離を測る力も次第に衰えていきます。個人を捨てれば集団の一員として認めてもらえる、という思いから、いじめられることを恐れて同調し、いじめる側にまわる場合もあります。いじめが発生している教室や、学校では、それぞれの子どもが本当は誰が好きなのか、嫌いなのかがわからなくなり、その集団や学級のその場の様子や空気に判断を委ねるようになってしまいます。その対象がひとりか二人の特定の子どもに向けられるようになってしまいます。

いじめは学校だけでなくどこでも起こるものですが、学校で頻繁に、かつ極端ないじめが起こりやすいのは、「皆仲良く」が大人社会では使い分けられるのに、子ども社会は純粋性が求められ、本当の仲良しが求められるからです。

2　「なぜ、いじめはなくならないのか」家庭で伝えて欲しいこと

家庭の中では子どもに向かって「万引きをしても良い」「反抗しても良い」「暴力をふるっても良い」「いじめをしても良い」と教える親はいないと思います。それではこれらのことを親はどのように子どもに言い聞かせているのでしょう。

「他人の物を取ってはいけません」「人の意見は素直に聞きなさい」「暴力はいけません。

じっと我慢をしなさい」「いじめに加わってはなりません」「いじめを見たら止めに入りなさい。先生に知らせなさい。場合によっては親に話したり、警察に通報しなさい」と教えることでしょう。これは大人の論理であり、社会通念として当然なことであると誰もが思っていることでしょう。

しかし、当然と思っている大人の論理の中には「見て見ぬふりをしろ」「そういうことを見たら関わるな」「その場から逃げろ」「決して他言するな」「自分の胸の中におさめておけ」という、大人の論理である「表の論理」と「裏の論理」を、その場に応じて使いわけなさいという、極めて狡猾な考えも潜んでいます。こういう行動は大人になるに従って身に付けてゆくようになり、よく言えば「上手に立ち回り、うまくかわす」ということになり、悪く言えば「ずるく、顔色を見て態度を変える」ということになります。

学校ではあくまでも、理想を掲げ、自分の意志を持ち、高邁な思想を持ち、社会や世界の人々に貢献できる人物となりなさい、と教えます。弱者を助け、奉仕の精神を持ち、独立自尊、人類の恒久の平和に貢献しなさい、と教えます。学校では決して、狡猾に生きるには、上手に立ち回るには、軋轢を生まないためには、ということなどは教えてくれません。

いじめで自殺をした青少年達の多くは、こうした二重生活、二重思考ができない生徒たちでした。事件後の報道やその後のルポルタージュ番組や、ルポルタージュ本などを見たり、聞いたりしてみると、自殺した子どもはだれもがそんなうまく立ちまわってはいませんでした。山形県の中学校で十三歳の少年がリンチにあい、マットに逆さに詰め込まれた後に自殺（一般的には他殺となったり、殺害とされている）をされました。この少年は日常的にリンチを受けていたそうでした。地方弁を使えない、学級の皆んなと異なった独立した善悪の基準を持っていました。皆から強要されたことを確固とした意志で拒みました。それが殺害されたきっかけだったそうです。異文化の違いと割り切れないことでしょう。

少年の父親は「正しいことはどこまでも貫きなさい」と教えていたそうです。また少年の家族は都会から移り住み、裕福で睦まじく、都会的モダンな家族であったので、地方の土地柄と異なっていた事から、親どおしの間でも齟齬があったともいわれています。近頃

「空気をよめ」とか「かぶらないようにしろ」とか「へこんでいろ」とか、様々な人間関係について言われている言葉がありますが、これはその場の雰囲気や、その場の状況の流れをうまく捉えて上手に振る舞え、ということらしいようです。

私達は職場や近隣、学校などあらゆる生活の場面で、その場その場の雰囲気に合わせ、自己を滅去しなければならず、そうでない者は有形無形の不利益や扱いを受けています。皆の心がひとつになること、それを事細《ことこま》かに形であらわし、全体がひとつになることを求められています。「和の秩序」と言えば望ましい態度となりますが、独立した自己を生きると弾き出されるような不気味さや不安を感じます。

昔から和の文化とは「互いの違いを認め、議論を尽くし、一致する所を見出し、自ら積極的に取り組む」態度を指していました。ただひとつのことをだれかが決定し、執拗にひとつの形を押しつける「押しつけがましさ」を神聖視する考えもあります。こうした場所では、その押し付けを拒否すると陰湿ないじめに合う。それでも自分の考えを曲げず、自分の意志を通そうとすると身を亡ぼすことになってしまいます。それでも「上手に立ちまわれ」とわが子に教えられるでしょうか。集団と個人とを使い分けることぐらいは家庭でも教えてもよいでしょう。「郷に入れば郷に従え」とも教えるべきでしょうか。このことは複雑さを伴なうでしょう。

3　見ぬふりをやめよう。平成二十六年の「いじめ件数」一八万八〇五七件

「いじめ」に対する教育委員会、及び学校においては「いじめと認められる案件」については直ちに報告、調査をする義務がある、と前回に書きました。これは「学校内、及び学校管理下」における発生と発見についてのことです。

平成二十七年十月二十七日、昨年度の「いじめの件数」について、文部科学省が全国に再調査を指示し、その「いじめ認知件数」について発表をしました。その中でのある県については中学校では一八四件増の一四三八件、小学校においては三一五件増の一三八九件、高校も二四件増の一五五件となり全国の小中高を合計すると一八万八〇五七件で、二〇一二年度から一挙に増加し、この三年間は毎年二〇万件に近い数値になっています。

「いじめ防止対策推進法」が実施されても一向にいじめはなくなりません。これは学校の管理下で認知した数になります。学校外、地域などでの発生件数は含まれていません。もしこうした学校管理下外での「いじめ」の数を加えたら途方もない数になるでしょう。防止対策は学校だけの問題ではなくなっています。全国の学校で臨床心理士を招いたり、スクールカウンセラーを配置し、有識者で作る調査専門委員会を設置していますが、増加したということは有効に働いていないことをものがたっています。

平成三十年十月二十七日の文科省の発表に対するコメントで、ある教育大学の教授は「再調査で認知件数が増えたのは、教員や学校が見過ごしていたいじめを把握できたということで評価したい」としていますが、こうしたコメントが問題の本質をあやまらせることにもなっていないでしょうか。減少に繋がっていればこのコメントも的を射たことになりますが、組織として設置した様々な機能が有効に働かなかったということにもなっています。

もはや「いじめ」は学校だけの問題で片づけられなくなっています。学校教育、家庭教育、社会教育の三分野を融合して「対策を考えねば解消や減少はむずかしい」ことでもあります。学校でも家庭でも「何がいじめなのか」「どんな行為がいじめなのか」「いじめがあった場合、どう対応するか」「地域や保護者」などに「いじめの本質」「いじめへの対応」「いじめを許さない」などの「学習と講修」を折に触れて、町内会や自治会などで開催することが必要になっていることと思います。

学校の問題だけにとどめず社会全体で受け止めなければならないことでしょう。「いじめを目撃した場合の対応の方法」はある。対応については、次回に記しますが、ここではまず緊急の問題として「地域社会で学習」をしなければならないということです。地域の方がいじめの場面に遭遇して「どのように対応するか」を学習せねばなりません。なぜなら多くの場合、いじめられている子ども、いや大人も、いるのに誰も助けようとしません。傍観者でいるのです。傍観者でもなく警察や学校に知らせるという方法もあります。しかし、大方の学校では「聞くことはする」が、それ以上踏みこもうとしません。学校として受け止めようとしません。学校自体が見て見ぬふりをしてしまう例が多いということもあります。

参考

調査結果の要旨

いじめの状況

小・中・高等学校及び特別支援学校における、平成三十年度のいじめの認知件数は一八八・〇五七件であり、児童生徒一千人当たりの認知件数は一三・七件である。

① いじめの認知件数は、小学校一二二・七二一件（前年度一一八・七四八件）、中学校五二・九六九件（前年度五五・二四八件）、高等学校一一・四〇四件（前年度一一・〇三九件）、特別支援学校九六三件（前年度七六八件）の合計一八八・〇五七件（前年度一八五・八〇三件）。

② いじめを認知した学校数は二一・六四一校（前年度二〇・〇〇四校）、全学校数に占める割合は五六・五％（前年度五一・八％）。

③いじめの現在の状況で「解消しているもの」の件数の割合は八八・七％（前年度八八・一％）。

④いじめの発見のきっかけは、

・「アンケート調査など学校の取組により発見」は五〇・九％（前年度五二・三％）で最も多い。

・「本人からの訴え」は一七・三％（前年度一六・八％）。

・「学級担任が発見」は一二・一％（前年度一二・八％）。

⑤いじめられた児童生徒の相談の状況は「学級担任に相談」が七三・六％（前年度七二・八％）で最も多い。

⑥いじめの態様のうちパソコンや携帯電話等を使ったいじめは七・八九八件（前年度八・七八八件）で、いじめの認知件数に占める割合は四・二％（前年度四・七％）。

⑦いじめの日常的な実態把握のために、学校が直接児童生徒に対し行った具体的な方法について、

・「アンケート調査の実施」は、いじめを認知した学校で九八・八％（前年度九七・九％）、いじめを認知していない学校で九四・三％（前年度九二・八％）の合計九六・九％（前年度九五・五％）。

・「個別面談の実施」は、いじめを認知した学校で八七・七％（前年度八五・四％）、いじめを認知していない学校で八五・三％（前年度八一・二％）の合計八六・七％（前年度八三・四％）。

・「個人ノート等」では、いじめを認知した学校で五五・六％（前年度五四・九％）、いじめを認知していない学校で五一・四％（前年度五一・八％）の合計五三・八％（前年度五三・四％）。

⑧ いじめ防止対策推進法（以下、「法」という。）第二八条第一項に規定する重大事態の発生件数は一五六件（前年度一七九件）。

⑨ 地方自治体における「地方いじめ防止基本方針」の策定並びに「いじめ問題対策連絡協議会」及び附属機関等の設置状況について、

・法第一二条に規定する地方いじめ防止基本方針については、都道府県の九七・九％（前年度七四・五％）、市町村の六三・〇％（前年度二三・七％）が策定済み。
・法第一四条第一項に規定するいじめ問題対策連絡協議会については、都道府県の九七・九％（前年度六八・一％）、市町村の五一・一％（前年度一七・五％）が設置済み。
・条例により重大事態の調査又は再調査を行うための機関を設置した自治体数について、教育委員会の附属機関は、都道府県の七〇・二％（前年度四二・六％）、市町村の三四・三％（前年度六・五％）が設置済みであり、地方公共団体の長の附属機関は、都道府県の八〇・九％（前年度四六・八％）、市町村の二五・六％（前年度四・一％）が設置済み。

「いじめ防止対策推進法」が制定され、学校におけるいじめについての調査報告を条例によって定めたというように、重大な問題として位置付けられたにもかかわらず、「いじめ」「いじめに起因する死」「いじめを苦にした自殺」が後を絶たない状況であることをわかっていただきたいと思います。

いじめの認知学校数・認知件数

区分		学校総数:A(校)	認知した学校数:B(校)	比率:B/A×一〇〇(%)	認知件数:C(件)	一校当たり認知件数:C/A(件)	認知していない学校数:D(校)	比率:D/A×一〇〇(%)
小学校	国立	七二	四〇	五五・六	三九七	五・五	三二	四四・四
	公立	二〇、五五六	一一、四一三	五五・五	一二一、六三五	五・九	八、八七二	四三・二
	私立	二二二	八三	三七・四	六八九	三・一	一三五	六〇・八
	計	二〇、八五〇	一一、五三六	五五・三	一二二、七二一	五・九	九、〇三九	四三・四
中学校	国立	七七	五九	七六・六	三一〇	四・〇	一八	二三・四
	公立	九、七三六	六、七六四	六九・五	五一、二〇〇	五・三	二、八九七	二九・八
	私立	七九四	三三八	四二・六	一、四五九	一・八	四二一	五三・〇
	計	一〇、六〇七	七、一六一	六七・五	五二、九六九	五・〇	三、三三六	三一・五
高等学校	国立	一九	六	三一・六	二三	一・二	一三	六八・四
	公立	四、一九六	二、〇九五	四九・九	九、一八一	二・二	二、〇九八	五〇・〇
	私立	一、五一五	五八五	三八・六	二、二〇〇	一・五	九〇三	五九・六
	計	五、七三〇	二、六八六	四六・九	一一、四〇四	二・〇	三、〇一四	五二・六
特別支援学校	国立	四五	二	四・四	四	〇・一	四三	九五・六
	公立	一、〇三六	二五四	二四・五	九五六	〇・九	七七九	七五・二
	私立	一四	二	一四・三	三	〇・二	一二	八五・七
	計	一、〇九五	二五八	二三・六	九六三	〇・九	八三四	七六・二

計	国立	二一三	一〇七	五〇・二	七三四	三・四	一〇六	四九・八
	公立	三五・五二四	二〇・五二六	五七・八	一八二・九七二	五・二	一四・六四六	四一・二
	私立	二・五四五	一・〇〇八	三九・六	四・三五一	一・七	一・四七一	五七・八
	計	三八・二八二	二一・六四一	五六・五	一八八・〇五七	四・九	一六・二二三	四二・四

（注1）いじめの定義
本調査において、個々の行為が「いじめ」に当たるか否かの判断は、表面的・形式的に行うことなく、いじめられた児童生徒の立場に立って行うものとする。

「いじめ」とは、「児童生徒に対して、当該児童生徒が在籍する学校に在籍している等当該児童生徒と一定の人的関係のある他の児童生徒が行う心理的又は物理的な影響を与える行為（インターネットを通じて行われるものも含む。）であって、当該行為の対象となった児童生徒が心身の苦痛を感じているもの。」とする。なお、起こった場所は学校の内外を問わない。

「いじめ」の中には、犯罪行為として取り扱われるべきと認められ、早期に警察に相談することが重要なものや、児童生徒の生命、身体又は財産に重大な被害が生じるような、直ちに警察に通報することが必要なものが含まれる。これらについては、教育的な配慮や被害者の意向への配慮のうえで、早期に警察に相談・通報の上、警察と連携した対応を取ることが必要である。
（注2）調査対象は国公私立小・中・高等学校及び特別支援学校。中学校には中等教育学校前期課程を、高等学校には中等教育学校後期課程を含む。
（注3）学校総数は、高等学校の全定併置校は全日制、定時制をそれぞれ一校（計二校）として計上し、学校基本調査の数値と一致しない。
（注4）休校等の学校があるため、認知した学校数と認知していない学校数の合計は、学校総数と一致しない。

警察に相談・通報した件数

区分	認知した学校数：A（校）	うち、警察に相談・通報した学校数：B（校）	比率：B／A×一〇〇（％）	認知件数：C（件）	うち、警察に相談・通報した件数：D（件）	比率：D／C×一〇〇（％）

小学校	国立	四〇	一	二・五	三九七	一	〇・三
	公立	一一・四一三	一三四	一・二	一二一・六三五	一六九	〇・一
	私立	八三	一	一・二	六八九	一	〇・一
	計	一一・五三六	一三六	一・二	一二二・七二一	一七一	〇・一
中学校	国立	五九	〇	〇・〇	三一〇	〇	〇・〇
	公立	六・七六四	三五八	五・三	五一・二〇〇	四四七	〇・九
	私立	三三八	六	一・八	一・四五九	六	〇・四
	計	七・一六一	三六四	五・一	五二・九六九	四五三	〇・九
高等学校	国立	六	〇	〇・〇	二三	〇	〇・〇
	公立	二・〇九五	七四	三・五	九・一八一	八九	一・〇
	私立	五八五	二三	三・九	二・二〇〇	二六	一・二
	計	二・六八六	九七	三・六	一一・四〇四	一一五	一・〇
特別支援学校	国立	二	〇	〇・〇	四	〇	〇・〇
	公立	二五四	五	二・〇	九五六	五	〇・五
	私立	二	〇	〇・〇	三	〇	〇・〇
	計	二五八	五	一・九	九六三	五	〇・五
計	国立	一〇七	一	〇・九	七三四	一	〇・一
	公立	二〇・五二六	五七一	二・八	一八二・九七二	七一〇	〇・四
	私立	一・〇〇八	三〇	三・〇	四・三五一	三三	〇・八
	計	二一・六四一	六〇二	二・八	一八八・〇五七	七四四	〇・四

いじめの現在の状況

区分		解消しているもの 件数(件)	解消しているもの 割合(%)	一定の解消が図られたが、継続支援中 件数(件)	一定の解消が図られたが、継続支援中 割合(%)	解消に向けて取組中 件数(件)	解消に向けて取組中 割合(%)	その他 件数(件)	その他 割合(%)	計 件数(件)	計 割合(%)
小学校	国立	三五二	八八・七	三五	八・八	三	〇・八	七	一・八	三九七	一〇〇・〇
	公立	一〇九，四〇三	八九・九	一〇，一七六	八・四	一，八五六	一・五	二〇〇	〇・二	一二一，六三五	一〇〇・〇
	私立	五六八	八二・四	九四	一三・六	九	一・三	一八	二・六	六八九	一〇〇・〇
	計	一一〇，三二三	八九・九	一〇，三〇五	八・四	一，八六八	一・五	二二五	〇・二	一二二，七二一	一〇〇・〇
中学校	国立	二四〇	七七・四	五九	一九・〇	八	二・六	三	一・〇	三一〇	一〇〇・〇
	公立	四四，二三八	八六・四	五，五九三	一〇・九	一，二六二	二・五	一一七	〇・二	五一，二一〇	一〇〇・〇
	私立	一，一七四	八〇・五	一六〇	一一・〇	六七	四・六	五八	四・〇	一，四五九	一〇〇・〇
	計	四五，六四二	八六・二	五，八一二	一一・〇	一，三三七	二・五	一七八	〇・三	五二，九六九	一〇〇・〇
高等学校	国立	一五	六五・二	〇	〇・〇	七	三〇・四	一	四・三	二三	一〇〇・〇
	公立	八，一〇七	八八・三	七一三	七・八	二四二	二・六	一一九	一・三	九，一八一	一〇〇・〇
	私立	一，八七九	八五・四	一六九	七・七	七九	三・六	七三	三・三	二，二〇〇	一〇〇・〇
	計	一〇，〇〇一	八七・七	八八二	七・七	三二八	二・九	一九三	一・七	一一，四〇四	一〇〇・〇
特別支援学校	国立	三	七五・〇	〇	〇・〇	一	二五・〇	〇	〇・〇	四	一〇〇・〇
	公立	七七八	八一・四	一五七	一六・四	一四	一・五	七	〇・七	九五六	一〇〇・〇
	私立	三	一〇〇・〇	〇	〇・〇	〇	〇・〇	〇	〇・〇	三	一〇〇・〇
	計	七八四	八一・四	一五七	一六・三	一五	一・六	七	〇・七	九六三	一〇〇・〇

計										
国立	六一〇	八三・一	九四	一二・八	一九	二・六	一一	一・五	七三四	一〇〇・〇
公立	一六二、五一六	八八・八	一六、六三九	九・一	三、三七四	一・八	四四三	〇・二	一八二、九七二	一〇〇・〇
私立	三、六二四	八三・三	四二三	九・七	一五五	三・六	一四九	三・四	四、三五一	一〇〇・〇
計	一六六、七五〇	八八・七	一七、一五六	九・一	三、五四八	一・九	六〇三	〇・三	一八八、〇五七	一〇〇・〇

4　親が「いじめを見抜く」ことが何より大事です

文科省は平成二十八年十一月四日に前に発表した「いじめ調査報告」の訂正をしました。これは重大事態の報告が違っていたためでありました。「重大事態」を一五六件から四五〇件に訂正をしました。その内容は、「暴行を受けていた、金銭をとられていた」が九二件、「長期欠席」が三八三件となっています。

「いじめによる悲惨な自殺」を防ぐには、学校と家庭の双方で「早期にいじめの事実」を把握することが大事です。今回は「家庭で親が発見できること」を示し、次回には「学校で教師が気づくこと」を示すことにしましょう。

「いじめ」を受けている場合は、子どもは家庭の中でもその影を落としています。子どもの行動、表情、態度、服装などの変化に、いじめられている心中の苦しみが投影されています。まずこうした変化を親はよく観察することが大切です。①何となく子どもの態度がおかしい。②表情がさえない。③沈みがちにしている。④学校のことを話したがらない。⑤友達が遊びに来なくなった。⑥外へ出て遊ぼうとしない。⑦衣服が泥で汚れている。⑧身体にアザや傷がある。⑨持ち物がすぐになくなる。⑩几帳面な子が急にだらしなくなる。⑪情緒不安定で落ち着かなくなる。⑫親、兄弟にやつ当りしたり反抗するようになった。⑬食欲が落ちて眠れない。⑭学習意欲が落ち勉強が手につかない。⑮言葉使いが荒くなった。⑯家の金品を持ち出す。⑰登校を嫌がる。⑱学校に行く時間になると体の不調を訴える。⑲学校をやめたいと言い出す。⑳気持ちが悪いほど母親に甘える。㉑チックや夜尿がひどくなる。㉒性格がひねくれる。㉓脅迫電話がかかったり、電話がなると落ち着かなくなる。㉔自分の部屋に閉じこもる。㉕家族とも口をきかなくなる。㉖メモや日記に悩みを書き込んでいる。㉗寝てからうわ言をいう。㉘死にたいともらすようになる。㉙風呂やトイレに入る回数が多くなったり、長くなったりする。㉚突然親に口をきかなくなったり、風呂に入らなくなったりする。㉛テレビを見ていて「畜生」「ばかやろう」「いいきみだ」などと攻撃的な感情を表す。㉜明るさを見せては突然口ごもったりする。㉝自分の部屋を整理したり、家のものを捨てたり、アルバム帳を整理して、幼児期の自分の写真をはがしたりする。㉞自殺をほのめかす言葉を言う。㉟どこかに行ってしまおうと言ったりする。

こうした行動が見えるようになったら、親は子どもを「まさかと思ってみる」そして、ここで本人に問いただしたり、叱るように尋問するように、聞き出そうとしてはいけません。「まさか、もしや、うちの子が」と思ったら冷静に幾日か様子を気づかうことが大切です。この中のどれか複数に該当するような所が見えたら、両親で静かに聞き出すとか、先生に相談するようにしましょう。

親の気配りと、愛情とが「いじめ問題の解決」には何よりも大切なことは言うまでもありません。重大な事態になってしまってから「そういえば」と思い、子どもの部屋を捜しても取り返しがつきません。ただし、ここにあげたことでも「いじめられていることのサイン」ではないこともあります。ただこれらの様子が見受けられたら、そうした可能性が十分にあり得るということになります。
子どもに静かに問いただしてゆくうちに真相が見えて来たり、そうでない場合もあります。そうでない場合は、それで親は「よき誤り」であることに気づき、更にはこうした誤認や取り越し苦労をすることで見抜く目を養い、子どもを理解することにつながります。

5　親がいじめられている子どもを励ます危険

伊藤忠会長・社長等の経歴のある前中国大使をなされた丹羽宇一郎氏が書かれた『人を育てよ』という本を拝読させて戴きました。帯に「人こそ日本最大の資産、教育なくして成長なし」と書かれています。もっともなことであると思いました。「日本を救う、唯一の処方箋」とも副題に書かれていました。その中で目にとまった文章があります。それを引用してみましょう。

幼少期は自分で自分をコントロールすることを知りません。だから自分の思い通りにならないと泣き叫び暴れまわったりするわけです。太郎ちゃんが砂場で遊んでいるのを見て、自分も遊びたいからと太郎ちゃんを追い出す。こんなことも平気でやってしまいます。まだまだ「動物の血」の方が強いからです。

さて、ここには「いじめの発端」が述べられています。そこで親は叱らなければいけない。自分は怒られるようなことをしたのだと気づき、「太郎ちゃん、ごめんね」と言わねばならないことを学ぶ。こうして社会性を身につけてゆくのですね、それが家庭での教育であり、子どもの成長に大きく左右しますね。

とおっしゃっています。

次に「お尻を叩け」という章があります。「動物の血が強い子どもの頃は痛みを伴う教育も必要です。時には殴られて痛い思いをしなければわからない。私自身、小学六年の頃、親父にぶん殴られたことがありました。最近の親は子どもを殴ることを良しとしません。ちょっと誰かに叩かれたりしたら大騒ぎです」とあり、自分の子が誰かに叩かれたり、強く注意されたりすると、親はすぐに教師と学校に怒鳴り込む、相手の家に押し掛ける、自分の子どもは悪くはないと言い張る、先に手を出した方が悪い、体罰だ虐待だと騒ぎ立てる、そういう親の態度や考え方が子どもをだめにするのです、ということが書かれておりました。

ここで大切なことは「私自身、親父にぶん殴られたことがありました」という点です。多くの親、特に五、六十歳以上の方は、ほとんど「むかしは、いじめなど当たり前だった。軍隊では毎日だ。先輩から、親からみんなにいじめられた。今の子は弱いからいじめられるのだ、いじめ返してこい」などと子どもを叱る親もおります。

しかし今日の「いじめ」は昔のいじめとは違います。教育関係者をはじめ、多くの人々が、そう指摘します。これまでに公表されてきた多くの「いじめ論」で見受けられることは、いじめを一緒くたにせず、分析をしていることです。それらを示してみます。すると、日常化、ゲーム化、集団化、構造化、巧妙化、陰湿化、長期化、正当化、などに分類されます。このように見ただけでも以前の親は「いじめられて強くなる、いじめ返してこい、ぶん殴ってやれ」などと言って励まし、激励したつもりなのでしょうが、そんなに簡単にできることではありません。「いじめ」が日常化すれば、当の本人も、またそれを容認したり、同調したりしている周囲の者も、次第に罪悪感や道徳心を希薄化させるようになってゆきます。人間の持っている悲しい性なのです。

いつしか遊びとして、気晴らしとして、ゲームを楽しむかのような形で行われていた子ども仲間の行為や行動が、いつしか「長期的な、陰湿ないじめ」へと移行し、「いじめ」の手口も方法も巧妙化し、多様化してゆきます。親が励ましたつもりでも、当の子どもは追い詰められていってしまうのです。早い段階で判明したら、学校や相談機関に相談をするのがよいでしょう。

6 いじめは認識することではない、感じとること

学校内でもっとも「自分のことを分かってくれている人」は担任の先生だろう、と生徒も親も思っています。実際そうでなければならないのです。だから学校には「学級担任制」があるのです。小学校から高校まで、学級担任が記入した「学籍簿」「生徒生活記録簿」が抄本として順次送られてゆきます。これによって上級学校に進んだ場合にも過去にどん

なすごし方をしたのかおおよそ把握できます。しかしいま文科省では、小学校から教科担任制を導入することを検討しています。

そのようなことで学級担任の先生は、毎日ホームルームや授業を通して、自分が担任をしている児童生徒の生活の様子や、悩みや、家庭の事情や情動の細部まで観察し、心を配り、気を遣り、把握しているはずであるのです。だから生徒からも父母からも学級担任の先生は絶対の信頼をされているのです。

そういう学級担任の先生が、こともあろうに、「自分のことを最もよく知ってくれている」「自分のことを最もよくわかってくれている」はずの先生が、最も分かってくれていなかったのはとても残念なことでした。これは平成二十七年七月に岩手県で起きてしまった小学生のいじめが原因の自殺事件でした。

何回も何回も「いじめを受けている」「助けて欲しい」「自殺する日も場所も決めています」と生活ノートに書いてあるのに、一体どのように先生は読んでいたのでしょう。この記述に対して「上から目線ですね」「もっとがんばりましょう」など、叱責かたしなめるような言葉が記されていました。先生はおそらく、励ますような意味で記したのでしょう。自殺を考えている人に「がんばれ」と励ますのは最も注意すべき言葉です。まして「クラスの皆が僕の言葉を聞いてくれない、と苦痛を訴えているのに「上から目線ですね」とコメントしたのはどんな受け止め方をしたのでしょう。

校長は「いじめと認識していなかった」「いじめが直接の要因ではない」と応えています。「いじめ」は認識するものなのでしょうか。いじめと自殺の因果関係を明らかにするには、とてもむずかしさがありますが「いじめはなかった、いじめと認識していなかった」という言葉は管理者であり教職員の指導者、責任者の言とは思えない発言でした。自己の評価や職位のことばかりが念頭にあって「報告義務」を怠った責任のがれの言葉と受け取られかねない発言の内容でした。

「いじめ」は「認識」するものではありません。なぜならば、「いじめを認識する尺度」などないからです。「いじめ」は「感じ取るもの」なのです。「いじめられている」ことを把握するのは、表情や顔色、発言や態度から「親や先生や周囲の人たちが感じ取る」ものだろうと思います。あの川崎で亡くなった少年の顔や体に残っていた「青いおおきなあざ」をみたら、すぐに事情をそれとなく聞くべきであったことなのでしょう。

学校の授業は「現在の様々な問題や課題を主体的に受けとめ」よりよく生きてゆくための解決策を考え、その課題を思ったり考えたりするばかりではなく、解決する姿勢を養い解決する資質と能力を身につけることを目的として行われています。

「いじめ、と認識していなかった」とは事故報告を怠った、義務を怠った、という先生、管理職の立場にある人の言い訳にしかすぎない言葉と思われます。起こってしまったことは戻りはしませんが「感じ取る力」を身につけて二度と起こらないように注意を怠らないで欲しいと思います。

7　いじめられる当事者にならなければいじめはなくならない

いじめられている辛い日々、いじめを苦にした自殺、いじめから自分を楽にするための自殺、という事件が報道されるたびに、いじめている側の人間、いじめ込んで死なしめる残虐性、いじめられていることを訴えているにもかかわらずなおいじめを続け、そして自殺に追い込んでしまういじめをすることは、言語道断、血も涙もない鬼のような行為と言えます。

一向に「いじめ、いじめに起因する自殺」がなくならないようです。平成二十七年五月十八日のフェイスブックに宮川典子衆議院議員が「成人年齢に関する特命委員会」視察報告として川崎中学一年生の上村遼太さんの亡くなられた場所に献花を捧げられた記事を掲載しておられました。その文章の一部を引用させていただこうと思います。

子ども達が凄惨な事件を起こすたびに「今の社会が悪い」と誰しもが口にします。「社会」などという漠とした存在に責任を転嫁し、あたかも自分たちは傍観者であるかのように振る舞う。その一方で、上村くんを心配した子ども達はきっと彼を救えなかったと今でも自分たちを責め続けているはず。私達大人の無責任が、無自覚が、こうした事件の引き金になっていることを決して忘れてはいけません。

このように述べられておられることはもっともなことであり、当然こうした悲しくも悲惨な事件は二度とあってはならないことであることは当然と思われます。ではどうすればよいかを考えなくてはならないことなのです。まず学校内で「いじめ」があったかなかったかを、教師が把握していなかったということが一体全体あり得ることなのでしょうか。今の子ども達は家で過ごす時間よりも学校で過ごす時間の方が多いです。当然学校には、在校生に見合った教員人数が配置されています。当該学校に配置された教員人数は当該市町村、県教育委員会が定められた適正配置人数です。つまり「教員は在校生徒に対して充分な教育を施し、充分な人格教育を実施し、子ども達を教え導く職能集団」であるから法的にも適正配置といえるのです。

しかし事が起こると「教員はまことに忙しく、どれほどの時間外勤務を強いられているか、事務的教育に忙殺されているか、生徒と遊んでいる時間など全くない」という声が返って来ます。それ故「いじめ」があることに「気がつかなかった、忙しさのあまり気づかなかった」という弁解か釈明かの言葉になって返ってくるのです。

「気づいていたが、知ってはいたが、対策が分からないまま、充分把握していなかった、充分な対応ができていなかった」という理由がほとんどです。いじめは各家庭内で起こることはありません。起こるとすれば虐待であり、育児、家庭教育放棄にあたります。いじめは学校で起こり、或いは学校と家庭の間の時間、つまり戸外か学校で、遊び場か塾の帰りなどで発生している例が多くあります。

学校には生徒指導の教師、スクールカウンセラー、学校相談員、学校アドバイザー、放課後指導員、など教員定数外の大勢の人々が関わっています。これらの人々がそれぞれの配置の意味や、任務の遂行に徹していれば、だれかが「いじめを目撃している」はずです。問題はここからにあるのです。目撃したら間に入ってやめさせるか、連絡網があれば「緊急連絡で応援を要請するか、指導員に伝えるか」そうした初動態勢の確立をまずはかることが最も大事なことなのです。

「傍観者であるかのように」ではなく、発見した人、認知していた人、知っていなければならない教員なのに知らないふりをした教員。みな「傍観者」であるのです。傍観者でなくなるということはこれらの中の一人でも勇気をもってその「いじめをなくす」ために当事者になることなのです。

私は高校教師として三十年間、生徒指導や教育相談に当たって来ました。生徒をかくまえばあらぬ疑いの目で見られたり、暴走族に家のまわりを取り囲まれ家から出られなくなったり、子どもがいじめにあったり、様々ないやがらせを受けたり、脅迫電話、無言電話があったりという日々でした。教師なのか、警察官なのか、警備員なのか、自分でもよくわからないような生活をしていました。すべて、暴力事件、いじめ、非行問題に関わる事象でした。傍観者でなくなることは、自分も被害者になることであるということを身にしみて経験をいたしました。この世から「いじめはなくならない」が、私の結論でありますが、「いじめを発見し、対処し、防止し、未然に防ぐ」ことはできることと思っています。それは「いじめに臆《おく》することなく」しかも「匹夫《ひっぷ》の勇」であってはならないのです。それが傍観者であってはならぬことであり「いじめられる当事者」の気持ちを知ることに、感じ取ることになるからなのです。

8　いじめを目撃したらどう対応すればよいか

学校内で或いは街角などで、いじめられている場面に出会った場合、「いじめられていたのか」とか、「君がいじめていたね」と言って「はいそうです」と答える者はいませんね。そこで「もしかしたらいじめられていたの」とか「もしそうならば言ってみて」と言っても「言ったら先生にチクラレそうだ。言ったら仕打ちされそうだ」と考えて言うはずはありません。或いは「親や教師に言っても解決してくれそうもない」と思っているのかも知れません。

そこで新聞やテレビ等で報道されていることを話題にします。「学校での生活などはどんなことがあるの」とか「おじさんも子どもの頃に今見かけたようなことがあってね」などと遠まわしに話し出してみます。どちらも「見られてしまった」という負い目の気持ちを持っているはずです。

こうしてその場に入り込むことができたら次第に「先生はどんな先生」とか「学校では

毎日どんな気持ち」などと誘いこみ、話に乗ってきたところで「そういう先生じゃいやだね」とか「学校も面白くもないね」などと話し、「おじさんは子どもの頃いじめられていてね」と言って、親や教師の姿勢や人間像などを聞き出せれば、後の対応はどのようにでもなるものと思っています。

そこで本題に入り「さっきは何をして遊んでいたの」とか「学校などでこんな子がいじめられていない」とか「ところであのテレビニュースで聞いたいじめは悲しい事件だったね」と聞きながら「いじめ事件」に対する感想や意見をたずねながら、顔色や素振りを観察して、どちらかからでも、語り口調や、感情や苦痛や義憤などの表出を看て取れればここでやめても良いと思います。後で学校に赴きこのことを伝えることにしましょう。

更に踏み込めそうならば「ところであなたは大丈夫。いじめられたりしていなかった」と問いながら反応を見て、「もしそうだったら心配しないで家に帰ってお母さんに話してごらん。先生にでもいいね。君の味方になってくれるよ」と問うとここで「うんそうだね」と言うか、「だめだよ、先生だってお母さんだって話してもだめさ」と言ったら、その子の親や教師の人間としての生きる姿勢や、正義感や良識をもっているかを感じとることができます。

「だめだよ」と応答したら「それではおじさんが君の味方になってあげるよ。しっかりと守ってあげるから」と言ってみましょう。何となく元気がなく寂しそうにしていれば、その子が親や先生を信頼しておらず、報復を恐れているのかなどを観察してみることです。ここから先は「それではおじさんが君の家や学校まで送ってあげるからお母さんや先生に話してごらん」と後押しをしてあげる。ここで話たらほぼ解決に向かえると考えてもよいでしょう。

一度の試みが失敗に終ってても「親や教師の取り越し苦労であったか、子どもが事実を打ち明けなかったか」を後で確認することができます。いずれは学校でも家庭でも子どもに真実を聞き出そうとするでしょう。そうなれば決して無駄にはならないでしょう。子どもは親の本心を知ることができ、学校や教師の人間味のある態度や愛情に安心感や信頼感を持ち、いずれは真実を話すことになるでしょう。

大切なことは一度きりの試みで、子どもが「いじめられていない」と答えたからといって、安心しきることのないように気配りや見守りという「愛の目」を絶えずもち続けることが何よりも子どもが大人を信頼することにつながります。そうすれば「いじめ」も案外容易に見えてくるものです。

努力は決して無駄にはなりません。子どもは親の態度や学校の対応を見ています。いずれは救いの手を求めてやって来ます。そうした機会がやって来たら誠心誠意に対応することです。単に肉眼で見るのではなく、心の目で観るよう心掛けることです。こうした対応の方法を地域や町内会の人々全員が心得てもらえるように学校は努力することです。対策室を設け、マニュアルを作ったからで済ますことは断じてしてはなりません。また大人は決して見ぬふりをしてはならないと肝に銘じるべきことでしょう。そうしなければ二十万件のいじめは解消されないでしょう。

9　わが子をいじめっ子にしないために

平成二十七年も終わりに近づいていました。そこで一年を振り返って見て、気づいたことが二点ありました。その一つは深刻な「いじめ」或いは「いじめが原因と思われる少年少女の自殺」のことでした。新聞記事は欠かさず目を通していましたが、ほとんど毎日のように「いじめを苦にした自殺」と思われる記事を目にしました。しかし、この一年の間、テレビニュースやマスコミ関係では報道されていないことにも気づきました。

ＮＨＫの番組では毎日「振り込め詐欺」「おれおれ詐欺」に関するニュースと、その手口、詐欺にひっかからないこと、を報道しています。特に高齢の方に向けた呼びかけで、毎日特別な時間を設け、特別な解説付きで報じています。これは事件を未然に防ごうとする熱意と見られます。しかし「いじめ防止、いじめによる自殺」の報道はどうなってしまったのでしょう。まったく報じられなくなってしまっているようです。

決して無くなったのではありません。昨年と同程度の「いじめ、虐待、こどもの虐待死」

という痛ましい事件が起こっているのは事実であります。文科省が調査をし、防止対策法が制定されたので、これで事足りたと思っているのでしょうか。どうもこうした報道自体が「のど元過ぎれば」という意識を持っているような気がします。無論、マスコミや報道は「今起こった重大なこと、特別な驚きを抱かせる事態」を追うことを使命としているのはやむを得ないこととは思いますが、報道の片寄りや姿勢もあるのではないでしょうか。これは決して報道機関への抗議をしているわけではありません。

しかし、大々的に報道し、人々の関心を持たせることが、視聴率を上げることと考えられては、本来の趣意とは異なることであると思います。思いつきで特別番組を組んだり、クローズアップしたからといって本質的な課題解決にはならないでしょう。「いじめ問題」は様々な方面から研究され、構造が明らかになり、対策法も提案されています。それらを息長く報道し、多くの人への呼びかけ、注意を喚起して欲しいと思っている次第なのです。

何故にこう申しているかといえば、ほとんど毎日、電車が定時に運行されません。駅での放送は「人身事故のため運転を見合わせています」とアナウンスされるだけです。「またか」と思う人もあるでしょうが、多くの方は当然のことと思いこんで、再開まで黙って待っているのが今日の列車運行状況なのです。そうして重大事故が続発しています。

こうした心理は「大切な、かけがえのない命がまた失われたのだ。なんと悲しむべきことか」という思いが消えてしまっており「路線上に物が落ちた。撤去まで黙って待つしかない」と思ってしまうのです。これと同じ程度に「いじめを苦にした自殺」にしても、毎日の新聞記事に書かれています。それもほんの小さく、地方版にだけ、となってしまっています。読んでも「またか」と思い、大切な未来ある有為な青少年の命が、痛ましくもまた失われてしまった、と嘆く気持ちも、その子に寄せる思いも持たなくなってしまっているように思えてなりません。

人間は何度もあると慣れてしまいます。慣れは「頭で考える」ことをしなくなります。「いじめの防止」は「わが子の理解」や「しつけ」「家庭教育」のことを愛情で捉え、「頭で愛する」情動行為が必要なのです。それ故に「またか」とか、「学校で教えるべきことだ」と考えてはならないのです。親である私たちが「わが子に対して、心で愛する」ことも大切なのですが、「頭で愛する」ことが最も大事なのです。「心で愛する」ことは人間以外の動物にも見られます。「ホットな愛情表現」ではなく、人は「クールな愛情表現」が必要なのです。しかも長期に渡って堅持できる愛が必要なのです。

10　いじめ及びいじめによる自殺報告義務

『学校基本調査』というものがあります。文部科学省が行う全国の学校に在籍する生徒数や職員数、その他学校のもろもろに対する実態調査のことを言います。各県各自治体の教育委員会を通じ、日本の学校の在り方全体を把握する目的があって行われている調査です。

ほかにも「進路状況調査」「事故調査」などたくさんの調査報告があります。これらの調査の中に「中途退学者調査」「長期欠席者調査」など児童、生徒、学生達の学校生活に関する大切な調査もあります。中でも「いじめ実態調査」「いじめによる事故、自殺調査」はおろそかにできない重要な調査であるのです。

調査にかかわらなくとも、「いじめ」と判断された場合は、その都度迅速に対応し、その対応と結果を教育委員会に報告しなければなりません。これは「学校における事故、いじめ、暴力事件、その他に関わる」事故報告義務が学校の責任者、つまり校長等の指導監督義務を有する管理職の責任義務にあります。「児童生徒学生の命に関わる」ことでありますから最も重視され、最も重く受け止めるべき事項であると思います。

ところが、この報告がなされていなかったたいたましい悲劇が再び起こってしまいました。あの大津市の「いじめによる自殺」であり、今回は岩手県矢巾町の少年が、いじめを受け続け、電車に身を投げて自殺をしてしまいました。あの大津市でも、矢巾町でも、校長は最初に「いじめはなかった」と言っていました。次には教育委員会でも「いじめの報告は聞いていない」と応えていました。教育委員会が「いじめの報告は出ていない」と報道した途端に校長は「いじめと認識していなかった」と述べています。やがて「本人の父親や保護者会で説明して欲しい」となって、はじめて校長は「申し訳なかった」と謝罪の言葉を発しました。

教育委員会への「事故報告」は極めて重い意味があります。学校で起きた事故については、裁判に訴える方法と双方の話し合いによる解決がありますが、近年はほとんど訴訟となるほど一方的になってしまっています。

その際に最も大切な判断はこの「事故報告」です。まず「いじめ、その他の傷害事故、事件」と判明した時点で「電話による報告」をします。つぎにその内容を聞きとり、校内調査の結果を報告します。この間、学校では教師や担任、職員からあらゆる知り得たことを収集し、教育委員会に報告をします。当初の電話報告を受けた時点で教育委員会では、指導課、管理課の専門職が学校の校長と相談、意見を交え対策指導を示し、事件が大事に到らないよう適切な処置をします。こうした手続きをきちんとしていれば、あの大津市の事件も今回の岩手県の悲しい出来事も防げたかもしれません。

もしもこの報告を怠ったことが、校長の評価に関わると考えて報告をしなかったとすれば言語道断なことです。それでは「いじめを受けた果てに自殺」をした青少年の命を、あまりにも軽く考えている事になるのではないでしょうか。

11　道徳教育で「いじめ」はなくなるか、純真無垢な人間に育てられるか

いじめ問題が複雑かつ深刻であることが公事《おおやけごと》になったのが大津市の「いじめによる自殺」が報じられた時点でありました。学校では知らなかった、教育委員会ではいじめはなかった、自殺した少年の親からはノートや日記にいじめに遭っていたことが記述されている、市長はこれから調査します、という四者の認識の違いが明るみに出ました。まるで芥川龍之介の小説『藪の中』のような状況でした。しかし未来ある少年が自ら命を断ったことは事実であり、そこに「いじめ」があったのか、という問に関係者の言い分がそれぞれ違っていたのでありました。

これを事件として扱い、警察の捜査が入ったことも異例でありました。過去にも「いじめられた果てに自殺」をした青少年が何人もあり、何件もありましたが、これほどそれぞれの言い分の違いがあった事件はまれであったからでした。当然このはなはだしき認識の違いは事件性が関与しているという認識となり、警察捜査として解明するべき問題であっ

たはずです。その結果は「いじめによる自殺」となりました。

政府も文科省もこれを重要視し「いじめ防止対策推進法」と同時に、生徒を叱っていた教師による体罰を苦にした自殺防止のための「体罰防止対策推進法」を法制定しました。この法の実効性を高めるために文科省では「道徳教育」を通して人格の完成と思いやりの心、自制心、自立心の育成を図るべく「特別の教科・道徳」とし、平成三十年度から中学校は三十一年度から小中学校で教科として教えることを法決定し教育指導要領を改訂しました。

この科目の学習指導要領では個性の伸長や善悪の判断。自律心の育成や自由と責任。相互理解と寛容。公正で公平な社会正義。国際理解や家族愛。などの項目に分けて教え「日々の生活が家族や過去からの多くの支え合いや助け合いで成り立っていることに感謝しそれに応えること」「思いやりの心をもって人と接するとともに、家族などの支えや多くの人々の善意により日々の生活や現在の自分があることに感謝し、進んでそれに応え、人間愛の精神を深めること」「父母、祖父母を敬愛し、家族の一員としての自覚をもって充実した家庭生活を築くこと」「父母、祖父母を敬愛し家族みんなで協力し合って楽しい家庭をつくること」などが小学校、中学校の教育内容として提示されています。

このような項目は指導事項というよりも家庭、家族の価値について、家庭家族がそのように在らねばならず、こうした徳目を学校で教えても、社会全体が、それぞれが帰属している社会、企業、働く場所でもそうあらねば、どれほど学校教育で教えても、それは「教え」であり、「授業」であり、実践とは結びつかないとしています。なぜならば社会や働く場では「表の論理」と「裏の論理」があり、大人社会、一般社会ではこれを上手に使い分けて生きているからなのです。こうした質問があった場合に教師はどう答えたらよいでしょう。

仮にこれらのことを学校教育で修得しても、これらのことを体や心で身につけて実践できる人間にならなければ「いじめ」はなくならないと思います。人間は知恵があり、狡猾で、逞しく、独占欲があります。世の中全てが聖人君子で良寛さんのような人ばかりならば道徳を学校で教える必要はありません。ましてこのような「純真無垢な人間」がいじめの対象になったり、心優しく思いやりの心を持っていたばかりに純真な人が詐欺に遭ったりしています。この世は純心純情だけでは生きてゆけないのでしょうか。

ではこの世から「いじめ」をなくすにはどうすればよいのでしょうか。それは「利己心」を捨て「利他心」を人間全体が持つことであり「自己滅却」をすることでなくすことができます。それはなによりも親が実際の姿を通して示すべきであり、そういう家庭を形成することにあります。また教師の人間観や生き方は直接子ども達に絶大な影響を与えています。教師自身が「何をするか」ではなく「どのようであるか」ということが直接子どもに伝わります。教育をするということは「これとこれをこのように教える」ということではありません。教育は教師の一瞬のひとつの言葉が全人生として子どもに映るのです。怖い職業なのです。教師の一瞬の言葉、一瞬のしぐさ、一瞬の行動が子ども達の脳裏に一生残るものであるのです。人間は完璧になれるはずはありません。裏表があれば子どもには見透かされます。二枚舌を使えばすぐ見破られます。だまそうとしてもすぐ見抜かれます。なぜなら子ども達はそれほど「純粋」だからであるのです。

そのように純粋な子どもがなぜ同じクラスの友を、なぜ同じ町の子を、なぜ皆で寄ってたかって「いじめ」て「死に到らしめてしまう」のでしょう。実は「純粋」ほど恐ろしいのです。純粋な人は「自分を疑うことを知らない。」自分は誠実であり、皆んなと同じ行動をしている。仲間として同僚として、切磋琢磨している、と思い込んでいるからなのです。その方向がどちらを向いているのかを考えもせず一途に自分の使命を果たそうとするのです。それが戦火の中に置かれていても、皆がやっているから自分も精一杯やっている、と純粋に思い込んでしまうのです。自分で自分の言説や行動を疑ってみることの必要性がそこにあるのです。常日頃から自分の言説や行動を一度立ち止まって考えてから行動する、ということが大切なのです。

また「いじめをしてみる」ということを実践しなさい、とは申せませんが、何事も「やってみる」という実践をすることも大切なことです。「疑うということ」は悪いこと、と思っている場合が日常生活にはたくさんあります。しかし「疑問」を持たなければ、人間は考えることをしなくなります。それ故にまず自分の言説や生活について「これでよいのか」

という問いから始めてみましょう。

あとがき

人間の心はいろいろな働きを持っています。計算する能力、文字や言語を覚える能力、感動する能力、共感する能力、こうした様々な能力を人間は生まれた時から備え、それを開花させる能力も可能性も持っています。

しかしこの可能性は能力とはならないで終わってしまうことも少なくありません。つまり、この能力を身に付けさせるには周囲からの働きかけという関係性を経なければなりません。自己と他者との関係性が生来的なものではなく、成長の過程で人とのかかわりのなかで徐々に身についてゆくようです。そういうことからこの関係性を発達という時間軸の中でとらえることが可能になります。

幼児期から思春期、青年期と時を経過してゆく過程で反抗期に展開される親子間の葛藤は、ひとりの対等な人間としてのイメージ作りのプロセスとも考えられています。幼少期から思春期、青年期にかけて、子どもたちには、現実の親への甘えを脱し、徐々に自己内のイメージへの依存に切り替えていくようです。その意味でも、子ども時代から親との関係性が質量ともに変化していく過程と捉えられているようです。思春期、青年期は現実世界での人間関係だけでなく、自己の内的世界における主要な他者との関係性が、心身の健康や成長の影響をうけて大きく変容してゆく時期にあたっています。

その発達の過程で最も重要なことが、親と子の良好な人間関係にあるといえます。幼児期より青年期に到るまでの関係性づくり、親と子の関係の望ましい有り様を考える際に参考になると思われる事項について述べてみました。

人間の知能の因子は百二十項目に分けることができるといわれています。こうした因子を分類した心理学者は、更に大きく八つの知性にまとめています。言語的知性、絵画的知性、空間的知性、論理的知性、音楽的知性、身体的運動知性、社会的知性、感情的知性としています。これらの知性をバランスよく全人的に発達させ、関係づけることが大切です。人間としての人格形成の円満な発達は、情動と知識のバランスのとれた人格形成が大事です。ぜひこの関係づくりに少しでも役に立って欲しいと思って執筆いたしました。それゆえに『親と子の人間関係』としてみたわけです。

出生した時点では、人間はひとりでは生きてゆけません。親の養育と保護がないかぎり生命維持も不可能です。しかし親の視点で考えると、育てる行為とは「生命維持と成長だけ」と思っている方もいます。動物として生誕し、人間となって一人前になる。これも親としての役割りです。「ひとりの自立した人間」に育てる。この間には「様々な教えるべきこと、学ばせること、修得させること、立派な人格を備えさせること」など様々に関わり、関係性を築かねばなりません。家庭内で親が子に教え修得させ、自立させるまでには信頼関係に立った愛情が不可欠です。親から子への虐待はなぜ起こってしまうのでしょう。究極的にはこのことについて書きたかったのですが、私自身まだ理解できておりません。この著を読んでいただいた後に、読者の皆様がひとりひとり考えてみて下さい。

中田 雅敏（なかだ まさとし）
1945年埼玉県に生まれる。八洲学園大学教授。韓国韓瑞大学校客員教授。
早稲田大学教育学部国語国文学科卒業。博士（学術）。埼玉県立高校教頭、1997年目白大学人文学部客員教授を経て2003年より現職。
元家庭教育課程長、八洲学園大学附属国際高等学校校長、日本家庭教育学会会長、日本文芸家協会、俳人協会、日本ペンクラブ、各会員。俳号（中田水光）。
主書 『俳人芥川龍之介』（近代文芸社、1988年）
『高浜虚子 人と文学』（勉誠出版、2007年）
『漂泊の俳諧師小林一茶』（角川書店、2009年）
『家庭は子どもの教育の原点』（勉誠出版、2011年）
『教育改革のゆくえ—続・家庭は子どもの教育の原点—』（新典社、2014年）
『忘れられた作家・忘れられない作品』（新典社、2016年）
他多数。
編著 『随筆 幻の花』（角川書店、2006年）
『インターネット大学で学ぶ家庭教育学』（勉誠出版、2008年）
他多数。

親《おや》と子《こ》の人間関係《にんげんかんけい》 —— 幼児《ようじ》より青少年《せいしょうねん》まで ——

2019年7月8日 初版発行

著者 ——— 中田雅敏
発行者 ——— 岡元学実
発行所 ——— 株式会社 新典社
製作 ——— SHINTENSHA DP
〒101-0051 東京都千代田区神田神保町1-44-11
営業部：03-3233-8051 編集部：03-3233-8052
ＦＡＸ：03-3233-8053 振 替：00170-0-26932
http://www.shintensha.co.jp/ E-Mail:info@shintensha.co.jp

印刷所 ——— 惠友印刷 株式会社
製本所 ——— 牧製本印刷 株式会社

ISBN 978-4-7879-7925-4 C0237

定価はカバーに表示してあります。
乱丁・落丁本は，お取り替えいたします。小社営業部宛に着払でお送りください。